INHALT

VORWORT

Von allen Büchern Hesses, in denen es um die Gestaltung eines seiner Hauptprobleme geht, ist „Narziß und Goldmund" schon vom Titel her das offenkundigste. Die beiden dichterischen Figuren weisen in ihrer Gegenüberstellung und mit ihrem Namen bereits auf die polaren Gegensätze hin, die in ihrer Spannung wie in ihrer gegenseitigen Durchdringung als erlebbares Bild zu zeigen das geistig-denkerische wie das künstlerisch-gestalterische Anliegen des Dichters war. Die Texte dieses Bändchens sollen dem Leser helfen, dieser Idee, ihrer Konkretisierung durch Hesse und Aspekten einer kritischen Betrachtung dieser Dichtung auf die Spur zu kommen.
Die Kurzbiographie erleichtert die Einordnung dieses Werkes in das Leben und Gesamtschaffen des Dichters ebenso wie die Betrachtung zum Polaritätsproblem bei Hesse im Kapitel „Natur und Geist". Über den Stand der Hesse-Rezeption berichtet das Kapitel „Hermann Hesse heute". Auf die Darstellung von Entstehung und Aufnahme dieser Erzählung folgen sprachliche und sachliche Erläuterungen, eine Inhaltsangabe und Charakteristiken der Hauptpersonen.
Interpretiert werden die Hauptprobleme; Hesses Sprache sowie das Problem der historischen oder geistigen Dimension dieses Werkes werden am Beispiel von Sekundärtexten aus der Hesseliteratur dargestellt. Beides soll zu differenzierter Betrachtung der Erzählung und zur Urteilsbildung des Lesers führen. Die Literaturhinweise am Schluß des Bändchens sind als Anregung zur weiteren Beschäftigung mit dem Dichter und seinem Werk, insbesondere mit „Narziß und Goldmund", gedacht.
Hesse ging es nicht nur um die Gestaltung eines Bildes vom Menschen, um die Bezeugung der Wiederkehr polarischer Spannungen, sondern mehr noch um das Überschreiten von Lebensstufen, um eigenes Transzendieren, hin zum Geist. „Narziß und Goldmund" zeigt einige dieser Stufen. Sie zu betreten, dazu gehört die Bereitschaft des Lesers. Sie dem Leser bewußt zu machen ist die Absicht dieses Bändchens.

Dr. Martin Pfeifer

KURZBIOGRAPHIE

1877 wird Hermann Hesse am 2. Juli in Calw/Württemberg als Sohn des aus Estland stammenden Missionars und späteren Leiters des Calwer Verlagsvereins Johannes Hesse (1847-1916) und Marie Hesses geb. Gundert verw. Isenberg (1842-1902), der ältesten Tochter des namhaften Indologen und Missionars Hermann Gundert geboren.

1881 bis 1886 lebt Hesse mit seinen Eltern in Basel. Dort erwirbt sein Vater.

1883 die Schweizer Staatsangehörigkeit. Nach der Rückkehr nach Calw besucht er das Reallyzeum und von

1890 bis 1891 die Lateinschule in Göppingen. Er legt das Württembergische Landesexamen ab, um die Theologenlaufbahn einzuschlagen. Sein Vater erwirbt deshalb für ihn 1890 die württembergische Staatsangehörigkeit. Im September

1891 tritt Hesse in das evangelische Klosterseminar Maulbronn ein. Anfang März

1892 läuft er davon, weil er ,,entweder Dichter oder gar nichts'' werden will. Im Mai bricht er die Seminarausbildung ab, wird zu Christoph Blumhardt (zum ,,Teufelaustreiben'') nach Bad Boll und danach in die Nervenheilanstalt Stetten im Remstal gebracht. Ab November besucht er das Gymnasium in Cannstatt, besteht dort im Juli

1893 das Einjährig-Freiwilligen-Examen, verläßt im Oktober das Gymnasium, beginnt eine Buchhändlerlehre in Eßlingen, bricht sie aber nach zwei Tagen ab. Von Juni

1894 bis Oktober 1895 ist er Praktikant in der Calwer Turmuhrenfabrik Perrot. Von

1895 bis 1898 ist er Lehrling in der Buchhandlung J. J. Heckenhauer in Tübingen.

1899 veröffentlicht er seine ersten Werke: den Gedichtband ,,Romantische Lieder'' und die Prosastudien ,,Eine Stunde hinter Mitternacht.'' Im Herbst wechselt er als Buchhandlungsgehilfe zu R. Reich nach Basel. Von Basel aus unternimmt er

1901 seine erste Italienreise. Er veröffentlicht ,,Hinterlassene Schriften und Gedichte von Hermann Lauscher'' und

1902 einen Band ,,Gedichte''; sie sind seiner Mutter gewidmet, die kurz vor Erscheinen des Bändchens stirbt.

1903 unternimmt er eine zweite Italienreise, nachdem er seinen Beruf als Buchhändler und Antiquar aufgegeben hat. Der Berliner Verleger Samuel Fischer tritt auf Anregung des Schriftstellers Paul Ilg an Hesse mit dem Ansinnen heran, gelegentlich Arbeiten einzureichen.

1904 erscheint im Verlag S. Fischer sein Roman ,,Peter Camenzind'', der ihn schnell berühmt macht. Für diesen Roman erhält er den Wiener Bauernfeldpreis. Er heiratet die Baslerin Maria Bernoulli (1868-1963). Aus dieser Ehe stammen die Söhne Bruno (geb. 1905), Heiner (geb. 1909) und Martin (1911-1968). Er bezieht mit seiner Frau ein leerstehendes Bauernhaus in Gaienhofen am Bodensee. In diesem Jahr erscheinen auch seine Bändchen über „Boccaccio“ und „Franz von Assisi.“

1906 erscheint die Erzählung „Unterm Rad“ und

1907 der Erzählungsband „Diesseits.“ Hesse zieht in Gaienhofen in ein eigenes Haus am Erlenloh. Von 1907 bis 1912 ist er Mitherausgeber der Halbmonatsschrift „März.“

1908 erscheint der Erzählungsband „Nachbarn“,

1910 der Roman „Gertrud“,

1911 der Gedichtband „Unterwegs.“ Mit dem Maler Hans Sturzenegger unternimmt er eine Reise nach Indien.

1912 verläßt er Deutschland und zieht mit seiner Familie in das Landhaus des verstorbenen Malers Albert Welti in Ostermundigen bei Bern. Es erscheinen der Erzählungsband „Umwege“,

1913 die Reisebilder „Aus Indien“ und

1914 der Roman „Roßhalde.“ Bei Kriegsbeginn meldet sich Hesse freiwillig, wird aber als dienstuntauglich zurückgestellt und der Deutschen Gesandtschaft in Bern zugeteilt, wo er im Dienst der „Deutschen Gefangenenfürsorge“ Kriegsgefangene und Internierte in Frankreich, England, Rußland und Italien mit Lektüre versorgt, die „Deutsche Interniertenzeitung“ herausgibt und den „Verlag der Bücherzentrale für deutsche Kriegsgefangene“ aufbaut, in dem von 1918 bis 1919 22 Bändchen erscheinen. Er veröffentlicht zahlreiche politische Aufsätze.

1915 erscheinen der Erzählungsband „Am Weg“, „Knulp. Drei Geschichten aus dem Leben Knulps“,

1916 das Gedichtbändchen „Musik des Einsamen“ (Titelblatt 1915) und die Erzählung „Schön ist die Jugend.“ Der Tod des Vaters, die Krankheit seiner Frau und des Sohnes Martin führen zu einem Nervenzusammenbruch. Während einer Kur in Sonnmatt bei Luzern begibt er sich in psychotherapeutische Behandlung durch J. B. Lang, einen Schüler C.G. Jungs.

1919 veröffentlicht er „Die Heimkehr. Erster Akt eines Zeitdramas“. 1919 bis 1922 gibt er mit Richard Woltereck die Monatsschrift „Vivos Voco“ heraus. 1919 erhält er den Fontanepreis für seine zunächst unter dem Pseudonym Emil Sinclair veröffentlichte Erzählung „Demian“, gibt ihn aber nach Aufdeckung des Pseudonyms zurück, da der Preis für Anfänger gedacht ist. Es erscheinen der Erzählungsband „Kleiner Garten“, die „Märchen“ und das zunächst anonym veröffentlichte Bändchen „Zarathustras Wiederkehr. Ein Wort an die deutsche Jugend von einem Deutschen". Hesse trennt sich von seiner Familie und zieht ins Tessin nach Montagnola bei Lugano, wo er bis zu seinem Tode lebt.

1920 veröffentlicht er „Gedichte des Malers" und „Wanderung", beide mit Aquarellen des Dichters geschmückt, die Novelle „Klingsors letzter Sommer",

1921 „Ausgewählte Gedichte", „Blick ins Chaos", „Elf Aquarelle aus dem Tessin",

1922 „Siddhartha. Eine indische Dichtung" und

1923 „Sinclairs Notizbuch". Von 1923 bis 1952 ist Hesse, immer im Spätherbst, Kurgast in Baden an der Limmat. Nach Auflösung seiner ersten Ehe ist er von

1924 bis 1927 mit Ruth Wenger (geb. 1897), einer Tochter der Schriftstellerin Lisa Wenger, verheiratet.

1924 erwirbt er die Schweizer Staatsangehörigkeit.

1925 erscheinen „Kurgast" und „Piktors Verwandlungen". Seit diesem Jahr gibt der S. Fischer Verlag in Berlin Hesses „Gesammelte Werke in Einzelausgaben" heraus.

1926 wird Hesse als auswärtiges Mitglied in die Sektion für Dichtkunst der Preußischen Akademie der Künste gewählt, aus der er 1930 austritt. Es erscheinen das „Bilderbuch",

1927 „Der Steppenwolf" und das Buch über „Die Nürnberger Reise",

1928 die „Betrachtungen" und der Gedichtband „Krisis",

1929 der Gedichtband „Trost der Nacht", die Betrachtung über „Eine Bibliothek der Weltliteratur",

1930 die Erzählung „Narziß und Goldmund" und die erweiterte Ausgabe des Erzählungsbandes „Diesseits."

1931 heiratet er die aus Czernowicz stammende Kunsthistorikerin Ninon Dolbin geb. Ausländer (1895-1966). Er verläßt die Casa Camuzzi, die er seit 1919 bewohnt hat, und zieht in ein neues Haus, das ihm sein Zürcher Freund Dr. Hans C. Bodmer auf Lebenszeit zur Verfügung gestellt hat. Es erscheint der Erzählungsband „Weg nach Innen",

1932 „Die Morgenlandfahrt",

1933 der Erzählungsband „Kleine Welt",

1934 der Gedichtband „Vom Baum des Lebens",

1935 das „Fabulierbuch" und

1936 die Idylle „Stunden im Garten." Hesse erhält den Gottfried-Keller-Preis.

1937 erscheinen die „Gedenkblätter", der Band „Neue Gedichte" und die Erinnerung aus der Kindheit „Der lahme Knabe". Von

1939 bis 1945 gelten seine Werke in Deutschland als „unerwünschte Literatur". „Der Steppenwolf", „Betrachtungen" und „Narziß und Goldmund" können nicht mehr nachgedruckt werden. In Vereinbarung mit dem Verleger Peter Suhrkamp erscheint deshalb seit

1942 eine Fortsetzung der ,,Gesammelten Werke in Einzelausgaben" im Verlag Fretz & Wasmuth in Zürich, als erstes ,,Die Gedichte", eine Gesamtausgabe seiner Lyrik, dann

1943 ,,Das Glasperlenspiel. Versuch einer Lebensbeschreibung des Magister Ludi Josef Knecht samt Knechts hinterlassenen Schriften",

1945 ,,Der Blütenzweig", eine Auswahl seiner Gedichte, das Romanfragment ,,Berthold" und Erzählungen und Märchen im Band ,,Traumfährte". Seit

1946 erscheinen die deutschen Ausgaben der Werke Hesses im Suhrkamp Verlag vorm. S. Fischer in Berlin, seit 1951 im Suhrkamp Verlag in Berlin und Frankfurt am Main. 1946 erhält Hesse den Goethepreis der Stadt Frankfurt am Main und den Nobelpreis für Literatur. Es erscheinen das Bändchen ,,Dank an Goethe" und die Betrachtungen zu ,,Krieg und Frieden".

1947 verleiht ihm die Philosophische Fakultät der Universität Bern die Würde eines Ehrendoktors. Hesse wird Ehrenbürger der Stadt Calw.

1950 erhält er den Wilhelm-Raabe-Preis der Stadt Braunschweig.

1951 erscheinen die Bände ,,Briefe" und ,,Späte Prosa".

1952 gibt der Suhrkamp Verlag Hesses ,,Gesammelte Dichtungen" in sechs Dünndruckbänden heraus.

1954 wird Hesse in die Friedensklasse des Ordens Pour le Mérite aufgenommen. ,,Briefe", der Briefwechsel zwischen Hesse und Romain Rolland, erscheint.

1955 erhält Hesse den Friedenspreis des Deutschen Buchhandels. Der Band ,,Beschwörungen" erscheint.

1956 stiftet die Förderungsgemeinschaft der deutschen Kunst Baden-Württemberg e.V. einen Hermann-Hesse-Preis.

1957 gibt der Suhrkamp Verlag Hesses ,,Gesammelte Schriften" in sieben Dünndruckbänden heraus.

1961 erscheint der Gedichtband ,,Stufen".

1962 wird Hesse Ehrenbürger von Montagnola. Am 9. August stirbt er in Montagnola an Gehirnschlag. Am 11. August wird er auf dem Friedhof S. Abbondio beigesetzt.

Weitere Veröffentlichungen:

1963 ,,Die späten Gedichte"

1964 ,,Briefe. Erweiterte Ausgabe"

1965 „Prosa aus dem Nachlaß"
„Neue Deutsche Bücher"
1966 „Kindheit und Jugend vor Neunzehnhundert. Hermann Hesse in Briefen und Lebenszeugnissen 1877-1895"
1968 „Hermann Hesse — Thomas Mann. Briefwechsel"
1969 „Hermann Hesse — Peter Suhrkamp. Briefwechsel"
1970 „Politische Betrachtungen", „Gesammelte Werke in zwölf Bänden", „Schriften zur Literatur"
1971 „Mein Glaube", „Lektüre für Minuten", Hermann Hesse / Helene Voigt-Diederichs: Zwei Autorenporträts in Briefen 1897-1900"
1972 „Eigensinn", Materialien zu Hermann Hesses ‚Der Steppenwolf'"
„D'une rive a l'autre. Hermann Hesse et Romain Rolland. Correspondance, fragments du Journal et textes divers", Hermann Hesse — Karl Kerényi, Briefwechsel aus der Nähe"
1973 „Gesammelte Briefe", erster Band, „Die Kunst des Müßiggangs", „Die Erzählungen", „Materialien zu Hermann Hesse ‚Das Glasperlenspiel', Band 1", „Hermann Hesse und der Ferne Osten"
1974 „Ausgewählte Briefe", „Iris", „Kindheit des Zauberers", „Materialien zu Hermann Hesse ‚Das Glasperlenspiel', Band 2"
1975 „Das erste Abenteuer", „Die Fremdenstadt im Süden", „Lektüre für Minuten, 2", „Piktors Verwandlungen", „Legenden", „Die Märchen", „Materialien zu Hermann Hesses ‚Siddhartha', Band 1"
1976 „Materialien zu Hermann Hesses ‚Siddhartha', Band 2", „Hermann-Hesse-Kalender", „Musik", „Das Nachtpfauenauge"
1977 „Gesammelte Erzählungen" (4 Bände), „Die Romane und die großen Erzählungen" (8 Bände), „Die Gedichte 1892-1962" (2 Bände), „Politik des Gewissens" (2 Bände), „Briefe an Freunde", „Der verbannte Ehemann oder Anton Schiefelbeyn's ohnfreywillige Reisse nacher Ost-Indien", „Kleine Freuden", „Hermann Hesse als Maler", „Die Welt der Bücher", „Von Wesen und Herkunft des ‚Glasperlenspiels'", „Hermann Hesse — R. J. Humm. Briefwechsel", „Christian Wagner — Hermann Hesse: Ein Briefwechsel"
1978 „Briefwechsel mit Heinrich Wiegand 1924-1934", „Kindheit und Jugend vor Neunzehnhundert. Hermann Hesse in Briefen und Lebenszeugnissen. Zweiter Band. 1895-1900", „Hermann-Hesse-Kalender 1979"
1979 „Gesammelte Briefe", zweiter Band, „Hermann-Hesse-Kalender 1980"

Hermann Hesse heute

,,Der eigenartige Dichter, der erst im Anfang seiner Laufbahn steht, wird noch viel von sich reden machen.'' So konnte man es 1905 in einer Aarauer Tageszeitung lesen, die einen Bericht über eine Lesung des 30jährigen Hesse brachte. Die Prognose, daß Hesse noch viel von sich reden machen werde, wiederholte knapp zwei Jahrzehnte später, präziser freilich, Stefan Zweig: ,,An kleinen Anzeichen spürte man zuerst, daß dieser Mensch nicht in sich, nicht in seinem Erfolg ruhte, daß er immer etwas anderes, Wesentlicheres wollte, daß er — um Goethes genialische Diagnose des wahrhaft dichterischen Menschen zu gebrauchen — einer von jenen war, die eine mehrmalige Pubertät haben, ein immer Neubeginnen der Jugend.'' Und er schließt: ,,Aber dies ist gewiß, daß alles dichterische Werk, das ... von Hermann Hesse ausgeht, Anspruch auf äußerste moralische Geltung und unsere Liebe hat, daß man hier ... bei aller Bewunderung für das meisterlich Getane noch die gleiche Erwartung wie einem Beginnenden entgegenbringen darf und soll.''

Und zum 85. Geburtstag Hesses, 1962, kurz vor dem Tode des Dichters, schrieb Hans Mayer: ,,Die wichtigsten Werke Hermann Hesses sind gültiger Besitz unserer Literatur und werden durch Schönheit der Sprache, unverlierbare Werte des Humors, reiner Empfindung, menschlicher Würde alle Literaturmoden überdauern ... Die Gestalten des Peter Camenzind, des Demian, des Steppenwolfs Harry Haller und des Spielmeisters Josef Knecht werden immer wieder von neuen Lesern beschworen werden ... Gibt es schönere Anzeichen der Dauer?''

So eindeutig allerdings war die Beurteilung der Bedeutung seines Werkes am Ende der Lebenszeit Hesses nicht. Es kam nach einer ersten Retardation der Verbreitung von Hesses Werk aus politischen Gründen während der Zeit des Nationalsozialismus eine zweite Retardation, diesmal polemischer Natur und damit, wie Heinz Stolte schrieb, ,,eines der empörendsten Schauspiele in unserer literarischen Welt des letzten Jahrzehnts''. Die Streitschrift eines Literaten, 1957 zum erstenmal erschienen, und ein anonymer Artikel im ,,Spiegel'' vom 9. Juli 1958 signalisierten arrogante Verachtung gegenüber Hesse. Spätestens seit jener ,,Spiegel''-Geschichte, einem Gemisch aus sachlich teilweise richtigen, zum größeren Teil aber tendenziös verfälschten Daten und Aussagen zur Biographie, gehörte es in der Bundesrepublik zum guten Ton, das Werk Hermann Hesses und diejenigen, die sich ernsthafter damit befaßten, herablassend mitleidig zu belächeln.

,,Wir waren uns doch einig'', behauptete Curt Hohoff 1972, ,,daß Hesse eigentlich ein Irrtum war, daß er zwar viel gelesen und hochverehrt wurde, aber eigentlich war der Nobelpreis, wenn man nicht an die Politik, sondern an die Literatur dachte, eher peinlich für uns. Ein Unterhaltungsschriftsteller, ein

Ethiker, ein Moralist: gut! Aber aus der ‚höheren' Literatur hatte er sich herauskatapultiert, weil er zu simpel war." Und Marcel Reich-Ranicki spottete 1973 in der „Zeit" über die in Hesses „Werk gebotene Mischung aus deutsch-romantischer Tradition und moderner Psychologie, aus lieblicher Idyllik und wütender Zivilisationsverachtung, aus verzückter Naturanbetung und emotionaler Meuterei gegen die bestehende Gesellschaftsordnung".
Daß dann unversehens ausgerechnet von diesem bereits abgeschriebenen Autor internationale Wirkungen ausgingen, wie sie beispiellos in der deutschen Literatur dastehen, hat die Kulturmacher hierzulande völlig aus dem Konzept gebracht. Anstelle sorgfältiger Analyse trat wieder der Affekt. Das Phänomen wurde, wo nicht am besten überhaupt totgeschwiegen, so doch als etwas eher Peinliches heruntergespielt.
Dabei kam die Motivation für die verstärkte Hesse-Rezeption nicht von kulturpolitischer oder Verlagsseite, sondern vom Leserinteresse her. Sie schlug aber sehr rasch um in eine Motivation, hinter der Verlags- und Rezeptionsstrategien standen, die Hesse einen Popularitätsgrad verschafften, den er sich selber gar nicht gewünscht hatte und der zuvor auch unerreichbar schien.
Auch wenn es schwer bleibt, sich die Höhe der Auflagen seiner Werke bildhaft vorzustellen, man mußte zur Kenntnis nehmen: in den USA wurden über 11 Millionen, in Japan über 12 Millionen, auf der ganzen Welt, so schätzt man, weit über 50 Millionen Exemplare seiner Werke verkauft! Das ist ein in der gesamten Literaturgeschichte in solch gewaltigem Ausmaß noch nie dagewesener Boom des Werkes eines Dichters.
Über den Hesse-Boom in den Vereinigten Staaten, der dann unweigerlich auch auf Kanada und England übergriff, sprachen und schrieben viele. Die seit Jahren kontinuierliche Hesse-Rezeption in Japan nimmt man noch heute, wenn überhaupt, ebenso gelassen zur Kenntnis wie die Tatsache, daß Hesses Werk meist vollständig und oftmals in mehreren verschiedenen Übersetzungen in italienischer, französischer, niederländischer, dänischer, norwegischer und schwedischer Sprache vorliegt. Hier müssen auch die Übersetzungen ins Spanische und Portugiesische genannt werden; aber man wird erst dann aufhorchen, wenn man erfährt, daß die Mehrzahl dieser Übersetzungen in Süd- und Mittelamerika herausgekommen und dort in hoher Auflage verkauft worden ist.
Auch ins Russische, Georgische, Ukrainische, ins Litauische, Lettische und Estnische ist Hesse übersetzt worden, und es gibt polnische, tschechische, slowakische, serbokroatische, slowenische, makedonische, ungarische, rumänische und bulgarische Übersetzungen ebenso wie finnische — Hesse wird auch bei den Lappen gelesen —, griechische und türkische, hebräische und arabische, persische, indische und chinesische Übersetzungen. Am beeindruckendsten ist wohl die Hesse-Rezeption in Südkorea. Dort sind seit 1954 weit über einhun-

dert verschiedene Hesse-Übersetzungen in Buchform erschienen; die meisten Hauptwerke sind also mehrfach übersetzt worden: „Peter Camenzind" 19mal, „Schön ist die Jugend" 15mal, „Demian" und „Narziß und Goldmund" 14mal, um nur die auffälligsten Beispiele zu nennen.
Den Hesse-Boom gab es auch in der Bundesrepublik. Allein von 1970 bis 1977 wurden hier, in Österreich und in der Schweiz nahezu drei Millionen Hesse-Bände ausgeliefert, das sind dreiviertel aller seit der Jahrhundertwende bis 1970 bei uns erschienenen Bücher dieses Autors.
„Ich habe noch nie eine Sekunde am Fortbestehen dieses Werks, wenigstens einer Auswahl draus, gezweifelt." Der das schrieb, war kein anderer als Hermann Hesse selber. Das klang trotzig. Mußte man den nicht für arrogant und überheblich halten, der so überzeugt von seinem eigenen künstlerischen Schaffen redete und dieses Geschaffene zukünftig für unentbehrlich hielt? Selbst wenn man Hesse zugestand, daß es ihm um sein Schaffen ernst war und er es mit der größten ihm möglichen Intensität vollbracht hatte, was er hier über den Fortbestand seines Werkes — oder wenigstens von Teilen daraus — geschrieben hatte, wäre doch bestenfalls Sache anderer und nicht seine gewesen. Fortbestand — Hesse verstand jedoch diesen Begriff ganz anders, als er gemeinhin verstanden wird. Hesse dachte keineswegs an Auflagenhöhen, Hesse dachte nicht an die geradezu modehafte Verbreitung seines Werkes, er dachte auch nicht an die weltweite Wirkung seiner Bücher. Ihm ging es immer einzig und allein um die Wirkung auf den einzelnen, und an dem Fortbestand solcher Wirkung seines Werkes zweifelte er niemals.
Hesses Dichtungen sind zeitlos; zeitlos trotz aktuellster Gegenwartsbezüge und Zukunftsprognosen, denken wir nur an den „Demian", dessen Schluß in den Krieg einmündet, denken wir an den „Steppenwolf", in dem die Situation nach dem Ersten Weltkrieg zugleich eine deutliche, leider überhörte Warnung vor dem neuen Kriege war, denken wir an „Narziß und Goldmund", in dem er in einer Szene „beinahe hellseherisch das Großverbrechen der Judenausrottung im ‚Dritten Reich' vorwegnahm" (Fritz Böttger, a.a.O. S. 367), denken wir an das „Glasperlenspiel" mit seinem Zeitbezug vor allem in der Einleitung. Aber eben nicht diese Zeitbezüge sind es, die den Fortbestand seines Werkes sichern. Es sind vielmehr die zeitlosen Themen, die er berührt, und sie sind zeitlos deswegen, weil sie unserer Zivilisation von Anfang an eigen sind und erst mit ihr verschwinden werden.
Ein anderer Grund für Hesses fortwährende Wirksamkeit liegt in der Fülle pragmatischer Aussagen in seinen Dichtungen, Essays und Briefen, die den Bedrängten, Zukurzgekommenen, Versagenden hilfreich erscheinen, gleichgültig, unter welchem gesellschaftlichen System sie leben, welchen sozialen Organisationen sie angehören oder zu welcher Bevölkerungsschicht sie zu rechnen sind.

Dies und nicht zuletzt das von Hesse dargestellte individuelle Ringen um Menschwerdung ist es, das auch den denkenden, wissenschaftlich agierenden und sozial sich verantwortlich wissenden Menschen anspricht und zur Auseinandersetzung herausfordert.
Natürlich bleibt auch die Aufnahme modernistischer, zeitkritischer, psychoanalytischer und weltanschaulicher Elemente in sein Werk und die Verbindung abendländischen und asiatischen Gedankenguts nicht ohne Bedeutung für die Rezeptionsfähigkeit dieses Werkes. Immer wieder aber werden psychohistorische Umstände — Egon Schwarz hat auf sie besonders hingewiesen — eine verstärkte Hesse-Lektüre hervorrufen. Probleme der Schule, des Heranwachsens, der Pubertät, der Eingliederung in die Gesellschaft, Rebellion gegen die etablierte Gesellschaft: gegen den Staat, das Geschäft, das Militär, die Kirche, überhaupt gegen die herrschende Moral, mit all diesem wird sich die Jugend wieder auseinandersetzen, und dies an Hand von Hesses Büchern, weil er sich kritisch, weil er sich nicht-konformistisch damit auseinandergesetzt hat.

Zeitlos Gültiges in einer sprachlichen Diktion von gekonnter und dadurch überwältigender Schlichtheit nicht nur in ganz persönlicher Zwiesprache, sondern in seinen Dichtungen formuliert und gestaltet zu haben, dies macht den Rang Hermann Hesses und die fortdauernde Wirkung seines Oevres aus. Hier wird sich — auch in Zukunft — nichts anderes zeigen; nur die Szenen wandeln sich:
,,Es war ihm merkwürdig'', heißt es in Ernst Wiecherts autobiographischer Erzählung ,,Der Totenwald'' von dem Mann im Konzentrationslager, ,,daß er nach kaum einem der Lebenden außer nach Hermann Hesse ein Bedürfnis empfand.''
Über drei Jahrzehnte später: ,,Ich verstehe, warum die Propheten der Drogenszene Hesse propagierten. Aber ich verstehe nicht'', schreibt Karin Struck, ,,warum man drogensüchtig sein muß und hessesüchtig, um die Welt zu erleben. Beides ist von Übel. Hessesüchtig bin ich nicht, aber ich halte Hesses Bücher für unentbehrlich.''

NATUR UND GEIST — „NARZISS UND GOLDMUND“ IM GESAMTWERK HESSES

Im Jahre 1933 unternahm Hesse in seinem Gedicht „Besinnung“ den Versuch — und er wiederholte ihn später noch einmal in seinem Gedicht „Stufen“ —, die Sätze seines Glaubens zu formulieren, zu denen er sich bekannte. In diesem Gedicht heißt es:

„Göttlich ist und ewig der Geist.,
Ihm entgegen, dessen wir Bild und Werkzeug sind,
Führt unser Weg; unsre innerste Sehnsucht ist:
Werden wie Er, leuchten in Seinem Licht.
Aber irden und sterblich sind wir geschaffen,
Träge lastet auf uns Kreaturen die Schwere.
Hold zwar und mütterlich warm umhegt uns Natur,
Säugt uns Erde, bettet uns Wiege und Grab;
Doch befriedet Natur uns nicht,
Ihren Mutterzauber durchstößt
Des unsterblichen Geistes Funke
Väterlich, macht zum Manne das Kind,
Löscht die Unschuld und weckt uns zu Kampf und Gewissen.
So zwischen Mutter und Vater,
So zwischen Leib und Geist
Zögert der Schöpfung gebrechlichstes Kind,
Zitternde Seele Mensch, des Leidens fähig
Wie kein andres Wesen, und fähig des Höchsten:
Gläubiger, hoffender Liebe.
Schwer ist sein Weg, Sünde und Tod seine Speise,
Oft verirrt er ins Finstre, oft wär ihm
Besser, niemals erschaffen zu sein.
Ewig aber strahlt über ihm seine Sehnsucht,
Seine Bestimmung: das Licht, der Geist.
Und wir fühlen: ihn, den Gefährdeten,
Liebt der Ewige mit besonderer Liebe.“

Damit ist das Grundthema angedeutet, das — spürbar zumindest seit der Erzählung „Unterm Rad" — die Werke Hesses durchzieht: die Frage nach einer echten Synthese im Leben. Diese Frage ist nicht neu, aber sie muß stets aufs neue gestellt und von jedem einzelnen Menschen für sich beantwortet werden. Es ist dann gar nicht so wichtig, ob man mit den Antworten, die der Dichter gestaltet hat, einverstanden ist oder nicht. Daß der Mensch um diese Problematik weiß, daß er darüber nachsinnt und redlich versucht, dem Ziele um Schritte näher zu kommen, ist Hermann Hesses Absicht. Eine eindeutige und endgültige Lösung gibt es wohl nicht, und in diesem Sinne könnte das Ringen jedes Einzelnen als ein vergeblicher Kampf mit den Flügeln einer Windmühle erscheinen. Doch dieser Kampf muß immer wieder ausgetragen werden.

Der Gedanke der Polarität — Goethe sprach von den zwei Seelen in der eigenen Brust — ist in Hesses Denkweise fest verankert. Immer wieder ist er bei der Zeichnung seiner Menschenbilder zu finden. Goethe nannte ein solches Gegensatzpaar einmal Natur und Kunst. Sie scheinen einander entgegenzuwirken; und dennoch erkannte Goethe, daß beide zu einer Einheit gehören und erst darin ihre volle Kraft entfalten können.

Auf dem Gedankengut Goethes aufbauend, versucht Hesse in immer neuen Ansätzen, beide Pole zueinander zu biegen:

„O zitternd gespannter Bogen,
Wenn der Sehnsucht rasende Faust
Beide Pole des Lebens
Zueinander zu biegen verlangt!“

Im „Demian“ sieht Hesse in der Erinnerung an seine Kindheit zwei Welten. Er weiß, wie eng die helle und lichte Welt des Elternhauses und die Dunkle des Draußen aneinander liegen, und er glaubt, daß beide zu einer Einheit gehören. So besteht auch nach Hesses Auffassung das Leiden in der Welt nur darin, „daß wir Einzelne uns nicht mehr als unlösbare Teile des Ganzen empfinden, daß das Ich sich zu wichtig nimmt.“ Dabei ist die Einheit, die er hinter der Vielheit verehrt, „keine langweilige, keine graue, gedankliche, theoretische Einheit. Sie ist ja das Leben selbst, voll Spiel, voll Schmerz, voll Gelächter.“

Wie man diese Polpaare dann bezeichnen mag, bleibt gleichgültig. Hesse selber gebraucht verschiedene Namen, die dennoch symbolhaft den gleichen Gedanken ausdrücken, wenn er vom Städter und Nomaden, vom Bürger und Steppenwolf, vom Revolutionär und Konservativen, vom Heiligen und Wüstling spricht oder Natur und Geist, Mutterwelt und Vaterwelt, Gutes und Böses einander gegenüberstellt. Ja, das Buch, in welchem er ein solches Polpaar am stärksten herausarbeitet, „Narziß und Goldmund“, drückt die beiden Möglichkeiten der Lebensgestaltung schon im Titel aus. Dennoch weist das verbindende „und“ zugleich darauf hin, daß zwischen den scheinbaren Gegensätzen die Grenzen fließend sind. „Es ist nicht unsere Aufgabe”, läßt Hesse den Narziß formulieren, „einander näherzukommen, so wenig wie Sonne und Mond zueinander kommen oder Meer und Land ... Unser Ziel ist nicht, ineinander überzugehen, sondern einander zu erkennen und einer im andern das sehen und ehren zu lernen, was er ist: des anderen Gegenstück und Ergänzung.“ Das führt bei Hesse sogar so weit, daß er die Ansicht äußert, von jeder Wahrheit müsse auch ihr Gegenteil wahr sein können; „denn jede Wahrheit ist kurze Formel für den Blick in die Welt von einem bestimmten Pol aus, und es gibt keinen Pol ohne Gegenpol“.

Hesse versteht nicht, „daß ein Mensch sein Leben lang immer und immer den Geist verehren und die Natur verachten kann“; das könne zwar als sehr tugendhaft, charaktervoll und standhaft erscheinen, aber es sei doch ebenso unsinnig, wie wenn einer immer nur essen oder immer nur schlafen wolle. Im Menschen liegt beides, in Hesses Gedicht „An den indischen Dichter Bhartrihari“ wird dieser Gedanke besonders deutlich:

„Die gestern mich als Heiligen verehrt,
Sehn heute in den Wüstling mich verkehrt,
Die gestern mit mir in den Gossen lagen,
Sehn heute mich fasten und Gebete sagen ...“

Im letzten Grunde resultiert daraus auch Hesses Menschenliebe, denn sie kommt, soweit sich das erkennen läßt, nicht aus der christlichen Auffassung von der Bruderliebe in der Gotteskindschaft, sondern aus dem Wissen um die Keime des Guten auch in den Menschen, deren Taten Böses offenbaren. Er weiß auch, daß sich keiner dem Bösen ganz verschließen kann, denn die Menschen sind „des Guten wie des Bösen fähig“.

Denkerisch ist dieser Widerspruch nicht zu lösen. Aber der Dichter vermag mehr. Indem er schöpferisch gestaltet, kann er sich Rechenschaft ablegen über sein eigenes Wesen; indem er dem Leser ein Menschenbild darstellt, wirkt er auf ihn in entscheidendem Sinne, wohl in gleichem Maße, wie es der Wissenschaft mit ihren Mitteln möglich ist.

Das Grundproblem in den großen Werken Hesses ist ja kein anderes, als durch die Gestaltung seiner Menschenbilder der Lösung dieses Widerspruches so nahe wie möglich zu kommen. Die frühen

Ansätze dazu zeigen sich etwa in der Erzählung „Unterm Rad", wo Hesse in Hans Giebenrath und in Hermann Heilner eigenes Erleben und Seelenleben gestaltet. Die erste deutliche Ausprägung erfährt dieses Problem im „Steppenwolf". Das Menschliche und Tierische stehen in Harry Haller, dem Helden des Buches, in ständigem Kampf. Das eine Mal herrscht der Mensch über den Wolf, das andere Mal ist es umgekehrt. Und doch geht es dem Dichter nicht darum, dieses Gegensatzpaar allein zu gestalten; er weiß, daß es im Grunde nicht nur zwei Seelen sind, die in der Brust ruhen, sondern daß ihrer viele sind und daß diese vielen Unterichs nicht lebenslänglich in einer festen Ordnung liegen, sondern sich zu neuen Gruppierungen zusammenschließen und ständig im Kampfe liegen.
Klarer wirkt die Konfrontierung in der Erzählung „Narziß und Goldmund". Jedoch: auch in jedem einzelnen Menschen sind diese Gegensätze vorhanden. Daß sie zum Guten und zur Vollendung der Persönlichkeit wirksam werden, versucht der Dichter im „Glasperlenspiel" zu gestalten. Wie das möglich ist? Hesse gebraucht dazu das magische Theater, und was sich darin vollzieht, ist die Selbstschau, die zur Selbsterkenntnis führt. Schon im „Demian" war die Frage aufgetaucht: „Ich wollte ja nichts als das zu leben versuchen, was von selber aus mir heraus wollte. Warum war das so sehr schwer?" Die Antwort darauf gibt eigentlich erst der „Steppenwolf", in dem von den Tausenden von Seelen, die in der Brust des Menschen ruhen, Bedeutsames gesagt wird.
Harry Haller, eben jener Steppenwolf, lernt durch seine Freundin Hermine einen Saxophonisten mit dem Namen Pablo kennen, in dessen magisches Theater er nach einer stürmisch verlebten Ballnacht durch einen Opiumrausch versetzt wird. Dort hält Pablo ihm einen kleinen Spiegel vor, dessen Bild Harry auf Geheiß Pablos auslacht, worauf dieser Spiegel plötzlich grau und undurchsichtig wird. Die Zerstörung des Bildes des Menschen von sich selbst, sie ist damit gelungen. Nach der Vernichtung der eigenen Vorstellung von sich selber stellt sich Harry vor einen anderen Spiegel, und aus dessen Bild lösen sich zahllose Harrys heraus, alte und junge, Abbilder seines eigenen Ichs.
In Pablos magischem Theater läuft dann Harry an vielen Türen vorbei und liest die zum Eintreten verlockenden Aufschriften, betritt viele Räume, begegnet den Unsterblichen und ersticht schließlich die gespiegelte Hermine mit einem gespiegelten Meser. Aber das ist nur Theater — und dennoch eine magische Welt, in

der gleichnishaft viele Fragen gelöst werden. Später dann sitzt Harry wieder mit Pablo zusammen und weiß, daß er dieses Figurenspiel einmal besser spielen wird. In vielen Briefen betonte Hesse immer wieder, daß ihm das magische Theater und die Unsterblichen im „Steppenwolf" besonders wichtig ercheinen. Ein neues magisches Theater gestaltet der Dichter in der „Morgenlandfahrt", die keine Reise in das geographische Morgenland, sondern eine Fahrt durch Zeiten und Räume ins geistige Morgenland ist. Sie versucht H. H. als ehemaliges Mitglied des Bundes der Morgenlandfahrer zu schildern. Seit dem plötzlichen Verschwinden des Dieners Leo haben viele Mitglieder am Bunde zu zweifeln begonnen, und auch H. H. hat seitdem nicht mehr an der Fahrt teilgenommen. Lange Zeit später, nachdem er schon die Geschichte des Bundes zu schreiben begonnen hatte, findet H. H. den Diener Leo wieder. Von ihm wird er vor den Hohen Stuhl des Bundes geführt, und dort stellt sich heraus, daß der Diener Leo der Oberste der Oberen des Bundes ist. Hier wird — nach dem „Steppenwolf" — die zweite Gerichtsverhandlung der Unsterblichen geführt. Wunderbar ist der Ratschluß des Leo. Keine blitzende Eisluft, kein zerschmetterndes Lachen trifft den Demütigen. Der Morgenlandfahrer H. H. wird freigesprochen und in den Bund der Oberen aufgenommen. Doch auch H. H. muß sich einer Selbstschau unterziehen, denn die dritte Frage, die Leo an ihn richtet, lautet: „Bist du bereit und willens, den Bescheid unseres Archives über dich selbst zu befragen?" H. H. besteht diese Prüfung, mit der sich zugleich seine Läuterung vollzieht. Haben sich auch die Erlebnisse vom Steppenwolf zum Morgenlandfahrer hin geändert, die Tat, die zur Befreiung, zur Erlösung führt, die Selbstschau, ist geblieben. Im „Steppenwolf" vollzog sie sich vor magischen Spiegeln, in der „Morgenlandfahrt" im Gegenüber mit der objektiven Eintragung in die Kartei des Bundes.

„Das Glasperlenspiel" ist diesen Morgenlandfahrern zugeeignet. An einer Stelle seines Werkes nennt der Dichter das Glasperlenspiel die Suche nach dem Generalnenner, eine Suche, die, wenn man will, als Bemühung um die Weltgleichung angesehen werden kann. Seit der Vervollkommnung des Spieles durch den Lusor Basiliensis bezeichnet er es aber auch als magisches Theater, und zwar nicht ohne Grund, denn es ist auch hier eine Selbstschau zu finden. Diesmal ist es die Meditation, durch die eine Gegenüberstellung des Menschen mit sich selber erfolgt. Hinter all diesen Meditationen aber steht überall der Gedanke der Einheit, auch die drei dem Werk beigegebenen Lebensläufe zeugen davon. Mit diesen Lebensläufen sollten die jungen Menschen lernen, „ihre eigene Person als Maske, als vergängliches Kleid einer Entelechie" zu betrachten.

In diesem Sinne ist dem Dichter im „Glasperlenspiel" die Gestaltung des Polaritätsgedankens am besten gelungen. Hier bleibt die Ahnung, daß in Tito Designori kastalische Geistigkeit sich mit kluger Weltoffenheit paare. Man hat deshalb nach Erscheinen des „Glasperlenspiels" einige Male die Vermutung geäußert, daß in einem nächsten Werk des Dichters irgendwie eine Gestalt von der Art Tito Designoris im Mittelpunkt stehe, an der der Dichter die Gestaltung seiner Problematik zu letzter Vollendung führt. Aber so folgerichtig solche Vermutung zu sein scheint, diese Art der Weiterführung, soll sie im Spielbereich des geistig Möglichen bleiben, ist einfach nicht mehr gestaltbar.

Darin also wird dem Menschen die große Aufgabe zuerkannt, daß er sich selbst, aber auch das ewige Stirb und Werde, das ewige Yin und Yang erkenne und die Gegensätze zu echter Harmonie führe. Es ist längst bekannt, daß nicht nur Hesses Peter Camenzind einen Roman zu schreiben vorhatte, der ganz frei von Menschendarstellung sein sollte. Hesse selbst bemühte sich um eine solche, gleichsam neue Form des Romans, in dem überhaupt keine Menschen vorkommen. Gleichnishaft wollte er den Menschen ein Bild der Natur zeigen, durch das sie zur Einsicht in ihr Schicksal kommen. Hesse mußte aber erkennen, daß sich die Läuterung des Menschen nicht außerhalb, sondern in seinem Inneren abspielt und vollzieht. In seinen Dichtungen läßt sich die schrittweise Annäherung an diese später so ausgeprägt dargestellte Einsicht am deutlichsten an den Erzählungen ablesen, die er im Band „Umwege" vereinigt hat. Auch sein Roman „Gertrud" zeigt diese Wandlung. Am sinnfälligsten ausgeprägt aber ist dieser aufkeimende Gedanke in seinen drei Erzählungen aus dem Leben Knulps. In der Zwiesprache des alt gewordenen Landstreichers mit Gott findet zum ersten Mal die Läuterung des Menschen dadurch statt, daß er sich selbst betrachtet und in der Selbsterkenntnis seine Rechtfertigung erfährt. Damit ist die Voraussetzung zu sorgsamer Hinwendung an den Geist geschaffen.

In seiner Stuttgarter Festansprache zum 80. Geburtstag Hermann Hesses entwickelte der greise jüdische Schriftsteller und Religionsphilosoph Martin Buber ähnliche Gedanken. Er sagte: „Als Hesse 1917, nach einigen erzählungsfrohen Büchern, die als solche freudig aufgenommen worden waren, in den Dienst des Geistes trat, mußte er eine Idee des Geistes vom Geist, die er in der Sphäre der leiblichen Begebenheiten erlebt hatte, als leibliche Begebenheit erzählen.“ Und Buber fuhr fort: „Den Dichter Hesse hatte in der Mitte seines Lebens die Hand des Geistes aus sorglosem Fabulieren gerissen und hatte ihn gezwungen, sein, des Geistes Ringen, seine Fährnisse und Wagnisse episch, das heißt, als Vorgänge des Lebens von Menschen mit Menschen zu berichten. Dabei wurde von Werk zu Werk das Anliegen in immer genauerem Sinn ein geistiges.“

„Auf eine menschenwürdige Art alt zu werden“, heißt es in einem der Briefe Hesses, „und jeweils die unserm Alter zukommende Haltung oder Weisheit zu haben, ist eine schwere Kunst; meistens sind wir mit der Seele dem Körper gegenüber entweder voraus oder zurück, und zu den Korrekturen dieser Differenzen gehören jene Erschütterungen des inneren Lebensgefühles, jenes Zittern und Bangen an den Wurzeln, die uns je und je bei Lebenseinschnitten und Krankheiten befallen.“

Hesse will im Leser die Selbsterkenntnis wecken und die Fähigkeit der Selbstbeobachtung schärfen, wie er auch immer wieder die kritische Sonde zuerst an sich selber angelegt hat. Von diesem eigenen Bemühen zeugt eine Selbstdarstellung, wie sie im „Glasperlenspiel" zu finden ist. Sie lautet in abgewandelter Form:

Hesse war ein großer und vorbildlicher Verwalter und Repräsentant seines hohen Amtes gewesen, ein Künstler ohne Tadel. Aber er sah und fühlte den Glanz der Kunst, der er diente, als eine gefährdete und schwindende Größe, er lebte in ihr nicht ahnungslos und bedenkenlos mit wie die große Mehrzahl seiner Zeitgenossen, sondern wußte um ihre Herkunft und ihre Geschichte, empfand sie als ein geschichtliches Wesen, der Zeit unterworfen und von ihrer mitleidlosen Gewalt umspült und erschüttert. Dieses Erwachtsein zum lebendigen Gefühl geschichtlichen Ablaufes und dies Empfinden der eigenen Person und Tätigkeit als einer im Strom des Werdens und Sichwandelns mittreibenden und mittätigen Zelle war in ihm reif geworden und zum Bewußtsein gelangt durch seine historischen Studien und unter dem Einfluß des großen Jakob Burckhardt, aber die Anlagen und Keime dazu waren längst vorher dagewesen, und wem wirklich die Persönlichkeit Hermann Hesses lebendig geworden, wer wirklich der Eigenart und dem Sinn dieses Lebens auf der Spur ist, wird diese Anlagen und Keime leicht auffinden.

ENTSTEHUNG UND AUFNAHME DER ERZÄHLUNG

Mit der Arbeit an der Erzählung „Narziß und Goldmund" griff Hesse eine Problematik auf, die ihn schon in seinen früheren Werken beschäftigte: das Problem der Polarität, das Künstlerproblem und das Mutterproblem. Er begann mit der Niederschrift der Erzählung im Frühjahr 1927. Partien wurden im Verenahof in Baden und in Zürich, der Hauptteil wurde in Montagnola geschrieben. 1929/30 erschien der Vorabdruck in der „Neuen Rundschau" mit dem Untertitel „Geschichte einer Freundschaft". 1930 brachte der Verlag S. Fischer in Berlin die Erzählung innerhalb der „Gesammelten Werke" Hesses heraus.

In seinem am 2. Dezember 1928 geschriebenen Aufsatz „Eine Arbeitsnacht", in dem Hesse über seine Arbeit an „Narziß und Goldmund" berichtet, erzählt er nicht nur davon, daß er am besten in den späten Stunden des Tages arbeitet, sondern auch, daß beinahe alle Prosadichtungen, die er geschrieben hat, „Seelenbiographien" sind, „in allen handelt es sich nicht um Geschichten, Verwicklungen und Spannungen, sondern sie sind im Grunde Monologe, in denen eine einzige Person, eben jene mythische Figur, in ihren Beziehungen zur Welt und zum eigenen Ich betrachtet wird". Es geht ihm in seinem Bericht um die Darstellung der Arbeit an der spannenden Gestaltung eines Erlebnisses Goldmunds. Der Zweifel des Dichters bricht aufs neue auf: „War es notwendig, daß dem Camenzind, dem Knulp, dem Veraguth, dem Klingsor und dem Steppenwolf nun nochmals ein Figur folgte, eine neue Inkarnation, eine etwas anders gemischte und anders differenzierte Verkörperung meines eigenen Wesens im Wort?" Die Antwort, daß diese Gestalten alle keine Wiederholungen, sondern „lauter Fragende und Leidende" sind, wird noch deutlicher, wenn man in Hesses „Engadiner Erlebnissen" liest, die er im Jahre 1953 geschrieben hat. Damals fiel dem Dichter bei der erneuten Lektüre dieses Werkes auf, „wie die meisten meiner größeren Erzählungen nicht, wie ich bei ihrer Entstehung glaubte, neue Probleme und neue Menschenbilder aufstellten, wie das die wirklichen Meister tun, sondern nur die paar mir gemäßen Probleme und Typen variierend wiederholten, wenn auch von einer neuen Stufe des Lebens und der Erfahrung aus". Wesentlicher aber, weil für die Beurteilung der Absichten Hesses wichtig, ist das Erlebnis, das er dann mitteilt. Ende der zwanziger Jahre hatte er in Stuttgart das Kapitel mit dem Bericht von der Pest vorgelesen. „Als die Vorlesung beendet war und sich der ‚engere Kreis' in einem beliebten Wirtshause zum Abendessen zusammenfand, kam es mir vor, als habe Goldmunds Wanderung durch das große Sterben die Lebenstriebe der Zuhörer gewaltig angeregt. Ich selber war noch ganz voll von meinem Pestkapitel, zum erstenmal hatte ich ein Stück meiner neuen Dichtung, nicht ohne inneres Widerstreben, öffentlich vorgezeigt, ich war noch mitten darin und war nur sehr ungern der Einladung zu diesem freundschaftlichen Zusammensein gefolgt. Und nun hatte ich, einerlei ob mit Recht oder nicht, den Eindruck, als stürzten sich die hier Zusammengekommenen, erlöst aufatmend nach dem Anhören meiner Geschichte, mit verdoppelter Gier ins Leben ... So schlich ich mich zur Türe und hinaus und war verschwunden, ehe mich jemand vermissen und zurückholen konnte ... Ich habe daraufhin noch ein- oder zweimal öffentlich vorgelesen, weil ich mein Wort schon gegeben hatte, dann aber niemals mehr."

„Narziß und Goldmund" erschien bereits im ersten Jahr in mehreren Auflagen mit insgesamt 40 000 Exemplaren. Inzwischen ist diese Erzählung in Ausgaben vieler Buchgemeinschaften und in 147 000 Exemplaren als Fischer-Taschenbuch (1962—1970) herausgekommen. Die gebundene Ausgabe des Suhrkamp Verlags trug 1977 den Vermerk 232. Tausend. Die Ausgabe in der Bibliothek Suhrkamp erschien 1980 im 105. Tausend, die Ausgabe als Suhrkamp Taschenbuch 1981 im 350. Tausend.

Übersetzungen erfolgten ins Bengali (1965), Chinesische (1965), Dänische (1936, 1972), Englische (1932, 1959, 1968, 1971), Finnische (1975), Französische (1948), Hebräische (1932), Italienische (1933, 1966), Japanische (1936, 1939, 1951, 1953, 1958, 1959), Koreanische (1961, 1967 vier verschiedene Übersetzungen, 1968 vier verschiedene Übersetzungen, 1972 zwei verschiedene Übersetzungen), Lettische (1951), Niederländische (1931, 1970), Persische (1971), Polnische (1932), Portugiesische (1956, 1969), Rumänische (1968), Schwedische (1971), Serbokroatische (1961), Slowenische (1979), Spanische (1948, 1963, 1980), Tschechische (1978) und Ungarische (1963); dabei geben die Jahreszahlen jeweils nur die Erstveröffentlichung einer neuen Übersetzung an, keine Nachauflagen oder Neuausgaben in anderen Verlagen.

In seiner Antwort auf die Umfrage der Zeitschrift „Das Tagebuch" (Berlin. 11. Jg., Nr. 49 v. 6. 12. 1930, S. 1953-54) nach den besten Büchern des Jahres 1930 nannte Thomas Mann Hesses „Narziß und Goldmund" die Dichtung, die ihn am meisten beglückt habe, „ein wunderschönes Buch in seiner poetischen Klugheit, seiner Mischung aus deutsch-romantischen und modernpsychologischen, ja psychoanalytischen Elementen". „Eine Dichtung künstlerischer Meisterschaft" (Die literarische Welt. Berlin. 6, 1930, 23, S. 5) war das Buch für Max Herrmann-Neiße, und dies war der Tenor aller Besprechungen im Erscheinungsjahr dieses Werkes.

Dies änderte sich allerdings unter dem Einfluß nationalsozialistischer Herrschaft. Hesse beschreibt das in seinem Rundbrief „Engadiner Erlebnisse", wenn er zornig-ironisch von der Wirkung seines Buches erzählt: „Es erschien nicht lang vor der letzten Krieger- und Heldenepoche Deutschlands und war in hohem Grade unheldisch, unkriegerisch, weichlich und, wie man mir sagte, zur zuchtlosen Lebenslust verführend, es war erotisch und schamlos, deutsche und schweizerische Studenten waren dafür, daß es verbrannt und verboten werden müsse, und Heldenmütter teilten mir, unter Anrufung des Führers und der großen Zeit, ihre Entrüstung in oft mehr als unartigen Formen mit."

Das Verbot kam, wenn auch nicht in lautstarker Form. Die letzte Auflage dieses Buches während des Dritten Reiches war 1941 erschienen; danach durfte es nicht mehr gedruckt werden, „weil darin die Erzählung eines Progroms vorkommt und weil ich es ablehne, diese Erzählung beim Neudruck wegzulassen" (Aus einem Brief Hesses an Emil Schibli, 1941; in: Siegfried Unseld: Hermann Hesse, eine Werkgeschichte. Frankfurt a.M.: Suhrkamp 1973, S. 136).

Neudrucke aber erschienen wieder, zunächst in der Schweiz, wo das Buch 1944 in der Büchergilde Gutenberg und 1945 und 1946 in zwei Auflagen in der Manesse Bibliothek der Weltliteratur herauskam. Im August 1947 folgte die erste Suhrkamp-Ausgabe in Deutschland. Im Jahr darauf gab es „Narziß und Goldmund" in S. Fischers Bibliothek in einer für die damalige Zeit erstaunlichen Auflagenhöhe von 30 Tausend Exemplaren; weitere 20 Tausend wurden im folgenden Jahr gedruckt. „Kein Werk von Hesse hat größere Anwartschaft darauf, in den Bestand unserer Dichtung einzugehen" (Merkur. Baden-Baden. 1, 1947, 2, S. 174), schrieb Ernst Robert Curtis nach dem Kriege über „Narziß und Goldmund".

Wertschätzung dieser Art blieb bei aller kritischen und differenzierten Betrachtung im Sekundärschrifttum erhalten, bis Karlheinz Deschner 1957 mit seiner literarischen Streitschrift „Kitsch, Konvention und Kunst" hervortrat und „Narziß und Goldmund" „Ausdruck einer typisch epigonalen Kunst" nannte und es als „Goldschnittsirup" bezeichnete. Deschners Buch war ein Schlager; es erreichte eine Auflage von weit über hunderttausend Exemplaren, prägte Vorurteile und verunsicherte manchen, den Deschners burschikose Art im Umgang mit Dichtung faszinierte. Das hat sich längst geändert; selbst Deschner ist zurückhaltender geworden: in der 1980 erschienenen Neuausgabe seines Büchleins fehlen die hier zitierten Wendungen.

Die kritische Auseinandersetzung mit der Erzählung „Narziß und Goldmund" gewann zunehmend andere Dimensionen: emotionale Äußerungen wichen mehr und mehr distanzierter Analyse, wie sie in den Büchern von Heinz Stolte, Fritz Böttger und Joseph Mileck exemplarisch zutage tritt. Das alles aber zeigt, welche Aktualität Hesses Erzählung noch Jahrzehnte nach ihrem Erscheinen besitzt, wie gewaltig die in diesem Werk steckende Problematik zur geistigen Auseinandersetzung herausfordert und wie Hesses künstlerische Bewältigung dieses Stoffes noch heute seine Lektüre anziehend macht.

SACHLICHE UND SPRACHLICHE ERLÄUTERUNGEN

Titel

Narziß: Nach der griechischen Sage war Narziß ein schöner Jüngling, der sich in sein Spiegelbild im Wasser verliebte und sich in ungestillter Sehnsucht verzehrte; an seiner Stelle sproß aus der Erde die Narzisse hervor. Alle auf den eigenen Körper und die eigene Person gerichteten erotischen Regungen, die Selbstliebe, werden als Narzißmus bezeichnet. Die Psychoanalyse sieht im Narzißmus die frühkindliche Form des Geschlechtstriebs und in krankhaften Fällen die Reaktion auf verletzte Eigenliebe. — Hesses Narziß trägt gewiß manche Züge der Selbstliebe, sie ist aber zugleich gepaart mit der Liebe zu Goldmund, weshalb ein strenger Bezug auf den Narziß der griechischen Sage nicht genommen werden kann. Hesses Narziß ist eine freie Gestaltung des Dichters.

Goldmund: Auch diese Gestalt ist eine freie Erfindung des Dichters. Freilich erinnert der Name an Johannes Chrysostomos (= Goldmund), einen in der zweiten Hälfte des vierten nachchristlichen Jahrhunderts lebenden Patriarchen von Konstantinopel, der ein hervorragender Prediger war und als Schutzheiliger der Kanzelredner gilt.

Erstes Kapitel

Mariabronn: Hesse schildert hier das ehemalige Zisterzienserkloster Maulbronn, in dem er nach bestandenem Landexamen vom Herbst 1891 an als Seminarist lebte. Hesse bewohnte damals die Stube Hellas. Am 7. März 1892 floh er aus dem Seminar; er wurde von einem Landjäger gefunden und zurückgebracht; danach saß er acht Stunden im Karzer ab; erst im Mai 1892 wurde er aus dem Seminar entlassen. — Das Kloster Maulbronn wurde im 12. Jahrhundert erbaut. Im Zuge der Reformation wurde das seit 1504 zu Württemberg gehörende Kloster 1556 zur Klosterschule. Auf Grund der Bestimmungen des Restitutionsedikts von 1629 fiel das Kloster wieder an die Zisterzienser zurück. Nach dem Westfälischen Frieden 1648 mußten die Klöster Württembergs von den Mönchen geräumt werden; aber erst 1656 öffnete die Maulbronner Klosterschule ihre Pforten wieder. Auf eine vorübergehende Schließung der Klosterschule folgte eine längere, als die französischen Heere Ludwigs XIV. in den Südwesten Deutschlands einbrachen. Bis 1703 stand das Kloster leer. Das heutige Seminar hat seine gesetzliche Grundlage in einer Seminarvereinbarung von 1928. Diese staatliche, altsprachlich-gymnasiale Schule mit kirchlichem Heim war von 1941 bis 1945 von den Nationalsozialisten geschlossen worden. — Die Erzählung Hesses spielt in vorreformatorischer Zeit.

Welschland: Früher besonders für Italien und Frankreich als Nachbarländer Deutschlands gebrauchter Ausdruck.

Subprior: Prior ist der Gehilfe eines Abtes oder der Vorsteher eines Klosters; der Subprior ist sein Stellvertreter.

die Welschen und Lateiner: die Franzosen und Italiener.

Novize: Mönch oder Nonne während der Probezeit vor der Aufnahme in einen geistlichen Orden.

Pater: Ordensgeistlicher; Plural: Patres.

Magie: bei den Naturvölkern und im alten Morgenland den Priestern zugeschriebene Kunst der Beschwörung von Geistern und Seelen Verstorbener, die Hervorrufung und Heilung von Krankheiten usw.; Zauberei.

Dormente: Schlafsäle.

meditieren: nachdenken, betrachten.

Bleß: Bleßbock oder Blesse ist ein Tier mit weißem Stirnfleck; hier wird Bleß als Eigenname gebraucht.

dachen: mit einem Dach versehen; hier in übertragener Bedeutung.

Zweites Kapitel

Devotion: Ergebenheit, Unterwürfigkeit.

Euklid: griechischer Mathematiker, der um 300 v. Chr. in Alexandria lebte; er fand die Grundsätze der gewöhnlichen Geometrie.

Stabelle: Schemel, Holzstuhl.

amice: Freund (Anredeform).

beneficia: Sondervergünstigungen.

Stoa: Lehre des Zenon, wonach Glückseligkeit nur durch Selbstüberwindung und Gleichmut gegenüber jedem Schicksal zu erreichen ist.

Drittes Kapitel

Dämon: im Altertum und bei den Naturvölkern übernatürliches Wesen.
Aristoteles: bedeutender griechischer Denker und Naturforscher in Athen, lebte von 384 bis 322 v. Chr., war Schüler Platos und Lehrer Alexanders des Großen.
Taufpatron: persönlicher Schutzheiliger.
Chrysostomus: (griech. Ausdruck für Goldmund) Johannes Chrysostomus, um 345 geboren, 407 gestorben, war Patriarch von Konstantinopel, ein hervorragender Prediger; er gilt als Schutzheiliger der Kanzelredner; Tag: 27. Januar.
Eva: Die Frau Adams gilt nach biblischer Auffassung als Mutter des Menschengeschlechts.
Aristokraten: Angehörige des Adels, der Aristokratie.
Asket: ein streng enthaltsamer Mensch.
Kapitäl: auch Kapitell, oberer Säulenabschluß, Pfeilerabschluß.
Liturgie: die festgelegte Ordnung des Gottesdienstes.

Viertes Kapitel

Intimus: vertrauter Freund.

Fünftes Kapitel

Disputierlust: Lust zu angeregtem Wortwechsel.
Madonna: Bezeichnung der Jungfrau Maria.
Initial: auch Initiale, ein hervortretender großer und verzierter Anfangsbuchstabe in alten Handschriften oder Drucken.
Ave: Sei gegrüßt! Leb wohl!
Theta: griechischer Buchstabe.
Omega: letzter Buchstabe des griechischen Alphabets.
Homer: der älteste griechische Dichter, er soll nach der Überlieferung im 8. Jahrhundert v. Chr. gelebt haben.
Petrus: Fischer aus Kapernaum, Jünger und Apostel Jesu, 64 n. Chr. unter Nero in Rom gekreuzigt. Die katholische Kirche sieht in Petrus den ersten Bischof von Rom und Stellvertreter Christi auf Erden. Hier Bezugnahme auf Matth. 14, 28—31.
Exerzitien: geistliche Übungen.
Refektorium: Speisesaal in Klöstern.

Sechstes Kapitel

Brachfeld: das brach liegende Feld, Flurteil bei der Dreifelderwirtschaft.

Vigilien: Nachtwachen; in der alten Kirche freigestaltete Gottesdienste in der Nacht vom Sonnabend zum Sonntag und vor hohen Festen, später in feste Form gebracht und auf den Vortag verlegt; in der katholischen Kirche die durch eigenen Gottesdienst und vielfach durch Fasten gekennzeichneten Vorbereitungstage vor höheren Festen.

minister verbi divini: Diener am göttlichen Wort.

Siebentes Kapitel

die heilige Genoveva: Nonne, geboren um 422, gestorben 512, katholische Schutzpatronin von Paris; Tag: 3. Januar.

Es fiel ihm ein . . . : Vergleiche dazu Hesses Märchen „Piktors Verwandlungen“ in der Faksimile-Ausgabe des Suhrkamp Verlags 1954.

Vergil: römischer Dichter, der von 70 bis 19 v. Chr. lebte.

Achtes Kapitel

consecutio temporum: die Zeitenfolge (grammatischer Ausdruck).

Söller: erhöhter offener Saal; Vorplatz im oberen Stockwerk eines Hauses; offener Dachumgang.

Tota pulchra es . . . :

> Ganz schön bist du, Maria,
> In dir ist nicht der Erbschuld Makel.
> Du bist die Freude Israels,
> Du bist die Fürsprecherin der Sünder!

Verse 1 und 2 aus dem Graduale (Stufengesang) zum Fest der Unbefleckten Empfängnis der allerseligsten Jungfrau Maria am 8. Dezember; daraus, umgestellt, auch Vers 3. (Übersetzung nach dem vollständigen Römischen Meßbuch.)

Neuntes Kapitel

Ried: Moor.
König Saul: der erste israelitische König, er lebte um 1000 v. Chr.; er verfiel später in Schwermut.
kreißen: in Geburtswehen liegen.
Schnapphahn: Wegelagerer.
Profession: Beruf.
in saecula saeculorum: in alle Ewigkeit.
Vagantenlatein: das nicht ganz einwandfreie Latein wandernder Geistlicher oder Schüler.
Weiler: Gehöft, kleine dörfliche Siedlung.
Tribut: erzwungene Abgabe.
Paviaschlacht: In der Schlacht von Pavia am 24. Februar 1525 wurde König Franz I. von Frankreich von den Truppen Kaiser Karls V. besiegt.
Lied von der Paviaschlacht: Volkslied auf den höchsten Ehrentag der deutschen Landsknechte, den Sieg von Pavia über die Schweizer Reisläufer (Söldner), die damas als die besten Soldaten galten. („Herr Jörg von Fronsperg . . . ")
Bramarbas: Großsprecher, Prahlhans.
Vagant: Fahrender; umherziehender Sänger, Spielmann und Dichter; wandernder Geistlicher; fahrender Schüler im Mittelalter.
Schnappsack: Sack für Mundvorrat; hier in übertragenem Sinne: Spitzbube.
Vesper: Nachmittags- bzw. Abendandacht.
Matutine: die Frühmesse.
Freund Hein: Hüllwort für Tod; diese Bezeichnung stammt von Matthias Claudius.
Heirassasa: hier: Bezeichnung für den Tod.
Kienspan: ein Span harzreichen Holzes.

Zehntes Kapitel

eine der schönsten und berühmtesten Straßen des Reichs: Es handelt sich hier vermutlich um die Handelsstraße von Frankfurt über Würzburg nach Nürnberg.
Bischofsstadt: Obwohl Hesse keinen Namen nennt, ist anzunehmen, daß es sich um die alte Bischofsstadt Würzburg handelt. Das Bistum Würzburg wurde 741 von Bonifatius gestiftet.

Elftes Kapitel

Syntax: die Satzlehre.
Aorist: die Form des Zeitworts für eine in der Vergangenheit tatsächlich erfolgte Handlung; im Griechischen die erzählende Zeitform.
Magdalena: Maria von Magdala, Begleiterin Jesu, die büßende Magdalena der Legende und Kunst; katholische Schutzheilige der Büßerinnen; Tag: 22. Juli.
Spanne: ein natürliches Maß, der Abstand zwischen der Spitze des Daumens und des Mittelfingers bei gespreizter Hand.
Pate: Taufzeuge.
Propst: erster geistlicher Würdenträger in Dom- und Stiftskapiteln, auch Titel des Pfarrers geschichtlich bedeutsamer Pfarreien.
Ellenmaß: früheres Längenmaß, örtlich zwischen 55 und 85 cm schwankend.
Brokat: gold- oder silberdurchwebte Seide; auch Metallpulver zu Bronzefarben.
Ritterschlag: Durch den feierlichen Ritterschlag wurden in höfischer Zeit Jünglinge nach einer Probezeit, in der sie Knappen waren, wehrhaft.
Ornament: Schmuckform, Verzierung.

Zwölftes Kapitel

Trüsche: auch Aalraupe, einziger Süßwasserschellfisch Europas.
Rotauge: eine Fischart.
der heilige Sebastian: Märtyrer, katholischer Schutzheiliger der Schützen; Tag 20. Januar. Er wurde nach der Überlieferung von mauretanischen Schützen mit 1000 Pfeilschüssen durchbohrt.

Dreizehntes Kapitel

der heilige Gallus: Ire, um 645 gestorben, er predigte das Christentum in Alemannien, gründete das Kloster St. Gallen; katholischer Heiliger; Tag: 16. Oktober.
Meßbub: Gehilfe bei der Messe.
Hofstatt: Haus mit Umgebung.
Kotzen: grober Wollstoff.
Walstatt: Schlachtfeld, Kampfplatz.

Vierzehntes Kapitel

Spitalbüttel: Gehilfen im Kranken- oder Pflegehaus oder Altersheim.
Fiedel: Geige; auch Attribut des Todes.
buhlen: lieben; heute meist in abfälliger Bedeutung.
Lieber Gott, sieh, was aus mir geworden ist...: Vergleiche dazu das Gespräch Knulps mit Gott am Ende der dritten Erzählung aus dem Leben Knulps. (Bibliothek Suhrkamp. 75.)

Fünfzehntes Kapitel

Sakrament: Gnadenmittel der Kirche.
Spital: Kranken-, Pfleghaus oder Altersheim.
Kebse: Nebenfrau.
Klepper: dürres, hageres, auch schlechtes Pferd.
Schinderknechte: Leichenbeseitiger.
Orgie: ausschweifendes Gelage.
Bollwerk: frühere Bezeichnung für Befestigungswerke.
Sankt Veit: Nothelfer, katholischer Schutzheiliger gegen den Veitstanz; Tag: 15. Juni.

Sechzehntes Kapitel

Mummenschanz: Maskenfest.

Siebzehntes Kapitel

responsieren: respondieren: antworten, entsprechen, widerlegen.
Renomistentum: Aufschneiderei.
der heilige Thomas: hier Thomas von Aquino, 1225 bis 1274, Dominikaner, der bedeutendste Vertreter der Scholastik, der die Lehre des Aristoteles mit der christlichen Lehre zu verschmelzen suchte; katholischer Heiliger; Tag: 7. März.
kommunizieren: das Abendmahl empfangen.

Achtzehntes Kapitel

Laie: Nichtgeistlicher.
Mystiker: Anhänger der Mystik, einer Frömmigkeitsform, welche die Einheit mit Gott schon im Leben wenigstens zeitweise voll erleben zu können meint.

Potenz: Macht, Leistungsfähigkeit, innewohnende Kraft.
fiktiv: erdichtet, angenommen, nur gedacht.
Apathie: Gleichgültigkeit, Teilnahmslosigkeit.
Patriarchen: die Stammväter Israels: Abraham, Isaak und Jakob.
Kommunion: der Empfang des Altarsakraments.

Neunzehntes Kapitel

exemplarisch: beispielhaft.
subtil: spitzfindig; auch: zart, fein.

Zwanzigstes Kapitel

Sankt Jakob: Jakobus der Ältere, Apostel, Sohn des Zebedäus, Bruder des Evangelisten Johannes, 44 n. Chr. hingerichtet; Gedenktag: 25. Juli.

INHALTSANGABE

Erstes Kapitel

Von seinem Vater, einem kaiserlichen Beamten, wird Goldmund, der ohne Mutter und Geschwister aufgewachsen ist, in die Klosterschule Mariabronn gebracht. Er gewöhnt sich bald ein, nachdem er sich einem Mitschüler gegenüber energisch zur Wehr gesetzt und dadurch bei seinen neuen Kameraden Ansehen gewonnen hat. In Stunden innerer Not geht er gern zum Pferde Bleß, das sein Vater bei der Aufnahme Goldmunds in die Klosterschule dem Kloster zum Geschenk gemacht hat.

Zweites Kapitel

Goldmund fühlt sich zu zwei Menschen im Kloster besonders hingezogen: zum Abt Daniel und zu dem Lehrgehilfen Narziß. Allmählich verliert Goldmund seine kindliche Unbefangenheit; er strebt ausschließlich danach, „ein guter Schüler zu sein, bald ins Noviziat aufgenommen und dann ein frommer, stiller Bruder der Patres zu werden".

Nach über einem Jahr wird Goldmund von seinem Mitschüler Adolf angesprochen und zu einem heimlichen, weil verbotenen Ausflug „ins Dorf" verleitet. Der Schülerehre wegen sagt er zu, langweilt sich aber in der Küche bei den beiden Mädchen, und erst der Abschied, als ihm das junge Mädchen einen scheuen, kindlichen Kuß auf die Lippen gibt, wird ihm zum bedrückenden Erlebnis.

Anderntags bemerkt Narziß die innere Unruhe des Knaben. Er bringt ihn ins Krankenzimmer, läßt ihn gut bewirten, so daß Goldmund sich rasch wieder fängt. Allerdings hatte Goldmund sich gewünscht, Narziß mit geistigem Heldentum zu gewinnen; nun ist er schwach vor ihm gewesen.

Drittes Kapitel

Der Beginn der Freundschaft zwischen Narziß und Goldmund gefällt nur wenigen. Narziß kann das, was im Inneren Goldmunds liegt, trotz aller Bemühungen noch nicht erkennen. Als er nach Monaten tiefer in Goldmund einzudringen versucht, erfährt er von dessen nächtlichem Ausflug ins Dorf. Goldmund schüttet ihm sein Herz aus. Allmählich erkennt Narziß, daß Goldmund „im

Weib, im Geschlecht, den Inbegriff alles dessen" fühlt, was er „Welt" und „Sünde" nennt. Dennoch ist Goldmund enttäuscht, weil ihm Narziß immer wieder zu verstehen gibt: „Unsere Freundschaft hat überhaupt kein anderes Ziel und keinen anderen Sinn, als dir zu zeigen, wie vollkommen ungleich du mir bist."
Dem Abt Daniel kommt manches an Verleumdungen, Anklagen und Gerüchten über die Freundschaft der beiden zu Ohren. Da sich aber Narziß als Lehrer bewährt und Daniel ihn außerdem seiner besonderen Gaben wegen schätzt, er zudem in beiden zwei Ausnahmemenschen sieht, hält er sein aufkeimendes Mißtrauen zurück und unternimmt nichts, was diese Freundschaft stören könnte.
Goldmund aber weist eine neuerliche Aufforderung, mit ins Dorf zu gehen, zurück.

Viertes Kapitel

Narziß' Liebe zu Goldmund ist nicht vergeblich. Eines Tages kommt es zwischen beiden in der Bibliothek zu einem Gespräch, „das sie mitten in den Kern und Sinn ihrer Freundschaft stellte und weiterhin neue Lichter warf". Goldmund versucht von neuem, die Gemeinsamkeiten mit Narziß herauszustellen: „Unser beider Ziel ist dasselbe: die ewige Seligkeit. Unsere Bestimmung ist dieselbe: die Rückkehr zu Gott." Narziß aber erwidert: „Es ist nicht unsere Aufgabe, einander näherzukommen, sowenig wie Sonne und Mond zueinander kommen oder Meer und Land ... Unser Ziel ist nicht, ineinander überzugehen, sondern einander zu erkennen und einer im andern das sehen und ehren zu lernen, was er ist: des andern Gegenstück und Ergänzung." In der Tat gelingt es diesmal Narziß, ein Bild von den Unterschieden ihrer Naturen zu entwickeln, das Goldmund besser annehmen kann. Nun dringt er tiefer in den Freund hinein: „Du hast deine Kindheit vergessen, aus den Tiefen deiner Seele wirbt sie um dich." Damit hat Narziß den Dämon, von dem sein Freund besessen ist, beim Namen genannt. Das Gespräch ruft in Goldmund eine gewaltige seelische Erschütterung hervor.
Goldmund flieht in entlegende Bezirke des Klosters; im Kreuzgang bricht er ohnmächtig zusammen. Abt Daniel findet den Bewußtlosen. Er stellt Narziß über diesen Vorfall und das Gespräch zur Rede, erteilt ihm jedoch keine Rüge, sondern verbietet ihm nur vorläufig, den Kranken aufzusuchen. Inzwischen wird Goldmund von Pater Anselm gepflegt.

Fünftes Kapitel

Goldmund hat durch die Hilfe seines Freundes Narziß das Bild seiner Mutter aus der Vergessenheit zurückgewonnen: „Eine Tänzerin war sie gewesen, ein schönes wildes Weib von vornehmer, aber unguter und heidnischer Herkunft; Goldmunds Vater hatte sie, so erzählte er, aus Armut und Schande aufgelesen; er hatte sie, da er nicht wußte, ob sie nicht Heidin sei, taufen und in der Religion unterweisen lassen; er hatte sie geheiratet und zu einer angesehenen Frau gemacht. Sie aber, nach einigen Jahren der Zahmheit und des geordneten Lebens, hatte sich ihrer alten Künste und Übungen wieder erinnert, hatte Ärgernis erregt und Männer verführt, war Tage und Wochen von Hause weggeblieben, war in den Ruf einer Hexe gekommen und schließlich, nachdem ihr Mann sie mehrmals wieder eingeholt und zu sich genommen hatte, für immer verschwunden." Dies war das Mutterbild, das Goldmund aus den Erzählungen seines Vaters kannte. Nun aber war auch sein eigenes Mutterbild, das wirkliche Bild der Mutter, in ihm wieder aufgestiegen. Damit hat er zu sich selbst gefunden.

Mit Freude sieht Narziß den Freund sich allmählich von seiner Führerschaft befreien; zuweilen ist er auch traurig darüber. Goldmunds Disputierlust in den Freundesgesprächen schwindet mehr und mehr. Viel vergessene Kindheit kommt ihm in den Träumen von der Mutter herauf. In dieser Traumwelt lebt er mehr als in der wirklichen. Narziß weiß und er sagt es ihm: „Du bist erwacht, und du hast ... jetzt auch den Unterschied zwischen dir und mir erkannt, den Unterschied zwischen mütterlichen und väterlichen Herkünften, zwischen Seele und Geist." Und er ahnt, daß Goldmund, der nun über drei Jahre im Kloster gelebt hat, diese Stätte bald verlassen wird. Narziß aber beginnt die Exerzitien zur Vorbereitung auf das Gelübde.

Sechstes Kapitel

Eines Tages bekommt Goldmund von Pater Anselm den Auftrag, am Nachmittag ein gutes Bündel Johanniskraut zu sammeln. Mit dem Pferde Bleß reitet er zu den vom Pater angegebenen Stellen, sammelt und freut sich der Freiheit in der Natur. In der Sonne schläft er ein; als er erwacht, liegt sein Kopf im Schoß einer Frau, die ihn mit einem sanften Kuß begrüßt und zum Liebesspiel verlockt. Goldmund sagt ihr ein Wiedersehen für die kommende Nacht zu, da er nun nicht länger im Kloster bleiben will.

Nach seiner Rückkehr sucht er sofort Narziß auf, um von ihm Abschied zu nehmen. Narziß ist zwar mit geistlichen Übungen be-

schäftigt, nimmt sich aber Zeit für diese Trennungsstunde. Er hat seinen Freund und dessen Inneres längst erkannt und läßt ihn ziehen.
In der Nacht trifft sich Goldmund mit Lise, jener Frau, mit der er am Nachmittag jene erregende Begegnung hatte. Mit ihr verbringt er die Nacht in einem Heuhaufen.

Siebentes Kapitel

Am anderen Morgen verläßt ihn Lise, weil sie zurück zu ihrem Mann will. Goldmund beginnt seine Wanderschaft. Im Walde muß er übernachten, da er sich nicht herausfindet. Erst nach zwei Tagen und zwei Nächten kommt er, inzwischen von den Nöten des Hungers aufs ärgste geplagt, aus dem Walde heraus. In einem Bauernhaus findet er Aufnahme und Nahrung, draußen im Freien, im Heu, ein Nachtquartier. Dorthin bringt die Bauersfrau ihm Brot und Speck; dort ist sie mit ihm für eine heimliche Stunde zusammen.

Achtes Kapitel

Weiter wandert Goldmund. Viele Frauen haben in der Morgenstunde von ihm Abschied genommen; keine ist bei ihm geblieben; keine hat er dazu aufgefordert. Einmal, nach ein oder zwei Jahren, kommt er an den Hof eines wohlhabenden Ritters mit zwei jungen, schönen Töchtern. Anderntags will Goldmund weiterziehen. Da ihn aber der Ritter auffordert, zu bleiben und ihm bei der Abfassung eines Berichtes über seine Pilgerfahrt zu helfen, da zudem Herbst ist und der Winter vor der Tür steht, entschließt sich Goldmund, dem Wunsch des Ritters zu entsprechen. Als eines Abends Goldmund mit der Frau eines Gutsnachbars kleine Liebkosungen austauscht, werden die beiden Töchter des Ritters, die achtzehnjährige Lydia und die sechzehnjährige Julie, die es bemerken, von Eifersucht und Gegenwehr erfüllt. Am darauffolgenden Tage erklärt Goldmund Lydia seine Liebe. Von nun an kommen Goldmund und Lydia jeden Tag für eine verschwiegene Stunde zusammen. Eines Nachts kommt Lydia sogar zu ihm ins Bett, geht aber nach kurzer Zeit wieder. Das geht eine Zeitlang gut, bis einmal auch Julie kommt. Lydia, von Eifersucht gepackt, verläßt mit der Schwester Goldmunds Bett. Der Ritter aber, von Lydia über einiges informiert, führt Goldmund am nächsten Morgen von der Burg fort und droht ihm mit dem Tode, wenn Goldmund je wieder zurückzukommen wage.

Neuntes Kapitel

Noch ist es Winter, als Goldmund weiterwandern muß. Ein gestricktes Unterwams, einen Schinken und einen goldenen Dukaten erhält er noch von Lydia nachgesandt, dann ist er wieder viele Tage und Nächte allein. In einem Dorfe hilft er einer kreißenden Frau, bleibt einer verliebten Frau wegen noch eine zweite Nacht und trifft hier auch den verwegenen Landstreicher Viktor. Nach drei Tagen versucht Viktor, Goldmunds Dukaten zu stehlen. Als Goldmund sich wehrt, schnürt ihm Viktor den Hals zu. Goldmund kann sich nur dadurch wehren, daß er Viktor mit einem kleinen Jagdmesser ersticht.

Weiter wandert Goldmund in der Winterlandschaft. Von Hunger und Durst und von Fieberträumen gequält, weiß er nicht mehr, wohin er wandert. In dem Dorfe, in dem er Viktor getroffen hatte, bricht er zusammen. Die Frau, mit der er damals zusammen war, Christine, pflegt ihn wieder gesund.

Zehntes Kapitel

Jahrelang wandert Goldmund von Hof zu Hof, von Dorf zu Dorf, von Frau zu Frau. Da kommt er eines Tages auf eine der schönsten und berühmtesten Straßen des Reiches. In einer Mühle gefällt ihm eine junge Magd so sehr, daß er zwei Tage in der Gegend bleibt. Mit Franziska, einer Bauernmagd, bringt er ein paar Morgenstunden in einer Scheune zu. Die nächste Nacht ist er in einem Kloster zu Gast. Dort sieht er am Morgen in einer Seitenkapelle eine Figur stehen, die ihn besonders beeindruckt: „Es war eine Mutter Gottes aus Holz, die stand so zart und sanft geneigt, und wie der blaue Mantel von ihren schmalen Schultern niederfiel, und wie sie die zarte mädchenhafte Hand ausstreckte, und wie über einem schmerzlichen Mund die Augen blickten und die holde Stirn sich wölbte, das war alles so lebendig, so schön und innig und beseelt, wie er es nie gesehen zu haben meinte." Von einem Pater, dem er zuvor gebeichtet hat, erfährt Goldmund, daß Meister Niklaus, ein Bildschnitzer in der Bischofsstadt, diese Figur geschaffen hat. Zu ihm bricht Goldmund auf. Jetzt hat er ein Ziel. Zwar erreicht er nicht, daß ihn Niklaus als Lehrling einstellt; nachdem der Meister lange überlegt hat, wird Goldmund dennoch, wenn auch ohne Vertrag und Verpflichtung, angenommen.

Elftes Kapitel

Der Aufenthalt in der Bischofsstadt wird zur fröhlichsten und unbeschwertesten Zeit in Goldmunds Leben. Hin und wieder wird er zwar vom Meister seiner Bummelei wegen gescholten, tut aber sonst mit Freude und Eifer seine Arbeit. Gern möchte er Lisbeth, die Tochter des Meisters, als eine Magdalena gestalten, auch das Bild der weltlichen Eva-Mutter hofft er einst zustandezubringen. Aber er muß die Wünsche zurückstellen. Nach einem Jahr macht sich Goldmund daran, die Figur des Narziß als Jünger Johannes darzustellen. Mehr als drei Jahre lang arbeitet er an diesem Kunstwerk. Dann aber ist ihm die Arbeit gelungen. Seine Figur, der Jünger Johannes, findet die Anerkennung des Meisters.

Zwölftes Kapitel

Danach durchstreift Goldmund die Stadt. Am Flusse hat er ein Gesicht, das „der Urmutter, über den Abgrund des Lebens geneigt, mit einem verlorenen Lächeln schön und grausig blicken, sah es lächeln zu den Geburten, zu den Toten, zu den Blumen, zu den raschelnden Herbstblättern, lächeln zur Kunst, lächeln zur Verwesung. Alles galt ihr gleich, der Urmutter . . .“ Das mahnt Goldmund zum Aufbruch. „Eines . . . wußte er: der Mutter zu folgen, zu ihr unterwegs zu sein, von ihr gezogen und gerufen zu werden, das war gut . . .“ So nimmt er Abschied von Kathrine, einer Geliebten aus der Stadt, so verläßt er den Meister, der die Zunft bewogen hat, Goldmund das Meisterzeugnis auszustellen, der ihn als Mitarbeiter einstellen und ihm sogar seine Tochter zur Frau geben will. Weniges packt Goldmund in seinen Ranzen, dann bricht er auf.

Dreizehntes Kapitel

Wieder wandert Goldmund Jahr um Jahr. Eine Zeitlang schließt sich ihm ein anderer Fahrender, Robert, an. Zu zweit kommen sie in eine Gegend, in der die Pest wütet. In einem Bauernhaus, das Goldmund betritt, findet er fünf Tote. Im Weiterwandern stoßen sie bald überall auf den schwarzen Tod, von dem das Land heimgesucht wird. In einer kleinen Stadt sieht Goldmund einer Massenbestattung zu. Hier findet er auch das Dienstmädchen Lene, das mit ihm zieht und seine Geliebte wird. Zu dritt richten sie sich in einer verlassenen Hütte ein.

Vierzehntes Kapitel

Schon trägt sich Goldmund mit dem Gedanken, für den Winter zu Meister Niklaus zurückzukehren, da wird das Sommerglück durch einen Landstreicher gestört, der Lene vergewaltigen will. Goldmund erschlägt ihn, aber Lene ist von der Pest angesteckt worden. Goldmund pflegt sie bis zu ihrem Tode. Robert ist schon vorher davongelaufen, als ihm Goldmund vorgelogen hat, er sei auch angesteckt worden. Mit der Hütte verbrennt Goldmund die tote Geliebte. Wieder kommt Goldmund in Gegenden, in denen die Pest wütet. Der Jüdin Rebekka hilft Goldmund den getöteten Vater bestatten, aber sie will nichts von seiner Liebe wissen. Hatte er bisher keine Furcht vor der Pest, jetzt, wo er seinem Ziele näherkommt, will er nicht mehr sterben.

Fünfzehntes Kapitel

Goldmund trifft in der Bischofsstadt ein. Margit, die alte Magd des Meisters, erkennt ihn zuerst nicht, dann teilt sie ihm kurz mit, daß der Meister gestorben sei. Lisbeth, des Meisters Tochter, ist zu einer scheuen, gebückten Jungfer geworden. Bei Maries Eltern, wo er einst gewohnt hat, erfährt er, daß Meister Niklaus nicht an der Pest gestorben ist. „Die schöne Lisbeth war es, die die Pest bekam, sie lag todkrank, und ihr Vater pflegte sich an ihr zu Tode, er starb, noch ehe sie ganz genesen war." Goldmund bleibt bei Maries Eltern. Ein paar Tage verbringt er nur damit, Bilder aus seiner Erinnerung zu zeichnen. Auf einem Spaziergang begegnet er einer Frau, zu der er sich stark hingezogen fühlt. Es ist Agnes, die Geliebte des Statthalters. Nach drei Tagen gelingt es ihm, mit ihr zu sprechen und am Abend zu ihr zu kommen.

Sechzehntes Kapitel

Einen Tag bringt Goldmund auf den Höhen um die Bischofsstadt zu. Am Abend kommt er wieder zu Agnes. Aber der Stadthalter hat Verdacht geschöpft. Im letzten Augenblick gelingt es Goldmund, in die Kleiderkammer zu fliehen und sich dort, vom Statthalter gestellt, als Dieb auszugeben. Gebunden wird er abgeführt. Ein Priester will am nächsten Morgen mit den heiligen Sakramenten noch zu ihm kommen.

Die Stunden der Nacht nutzt Goldmund zum Abschiednehmen. In seinen Träumen taucht das Bild seiner Mutter wieder auf. Dann aber erwacht er, und es erwacht auch sein Lebensdrang. Er zerreibt den Strick, der ihn fesselt, und plant, den ihm angekündigten Priester zu überreden, ihm zur Flucht zu verhelfen. Sollte dieser sich weigern, will Goldmund ihn erschlagen. Der Priester aber, der am Morgen zu ihm in den Kerker kommt, trägt die Ordenstracht des Klosters Mariabronn.

Siebzehntes Kapitel

Der Priester trägt auch die Zeichen der Abtswürde. Und Goldmund erkennt ihn: es ist Narziß, der seit seiner Einkleidung Johannes heißt. Narziß hat Goldmunds Freilassung erwirkt. Sie reiten weg. Von Marie und ihren Eltern nimmt Goldmund Abschied, Agnes bekommt er nicht noch einmal zu Gesicht. Unterwegs unterhalten sich Narziß und Goldmund über vieles: daß Abt Daniel vor acht Jahren gestorben ist, daß Pater Martin, einst der Schulvorsteher, sein Nachfolger geworden, aber im vergangenen Jahr auch gestorben und daß Narziß seither Abt ist; sie sprechen über die Judenverfolgungen und darüber, daß Narziß seinem Freunde im Kloster eine Werkstatt einrichten will. In der Burg des Ritters, in der Goldmund einst als Schreiber gedient hat, übernachten sie. Der Ritter und Lydia sind nicht mehr da; Julie, inzwischen verheiratet, regiert jetzt den Hof. Goldmund gibt sich nicht zu erkennen. Am nächsten Tag erreichen sie das Kloster.

Achtzehntes Kapitel

Goldmund wohnt zunächst in einer der Gastzellen, dann wird ihm in einem Wirtschaftsgebäude Quartier gemacht. In einem Raum neben dem Hoftor richtet er sich eine Werkstatt ein. Goldmund beginnt, den Aufgang zum Lesepult im Refektorium der Patres und das Pult selbst mit einer hölzernen Schmuckverkleidung zu versehen. Nun fühlt er sich auch gewachsen, Narziß seine Beichte abzulegen; getreulich befolgt er die ihm auferlegten Bußübungen. Seine Arbeit geht indes gut voran. Eine Figur, sie stellt den Abt Daniel als Evangelisten dar, beschäftigt ihn ganz besonders. Als sie fertig ist, hält Narziß mit seiner Freude nicht zurück.

Neunzehntes Kapitel

Schon zwei Jahre lang arbeitet Goldmund an dieser Schmuckverkleidung; im zweiten Jahr bekam er Erich, den Sohn des Schmiedes, als Schüler zugewiesen. Ab und zu wird Goldmund von dem Duft der Natur an sein früheres Leben erinnert, und er bleibt ein oder zwei Tage dem Kloster fern. Eine neue Arbeit, vom Abt gewünscht und bestellt, ein Altar für die Marienkapelle in Neuzell, wird entworfen. In einer Marienfigur will Goldmund Lydia, eine der unvergeßlichen Gestalten seiner Jugend, verewigen. Die Arbeit beginnt, aber immer mehr läßt Goldmund seinen Gehilfen allein arbeiten; er hat das Herumziehen wieder angefangen. Aber Goldmund ist über seine Jahre gealtert. Das merkt er bei seinen Werbungen um das Bauernmädchen Franziska. Zunächst hat ihn die Arbeit gebunden; deshalb nimmt er sich vor, nach der Vollendung der Lydia-Maria-Figur erneut das Wanderleben zu probieren. Narziß lobt die fertige Figur als Goldmunds schönstes Werk; es sei nichts im Kloster, was diesem Kunstwerk gleichkomme. Danach aber gesteht ihm Goldmund seine Reisepläne, nimmt Abschied und bricht auf.

Zwanzigstes Kapitel

Am Ende des Sommers kommt Goldmund wieder, um viele Jahre gealtert, hoffnungslos krank. Er war dem Gerücht gefolgt, Graf Heinrich sei wieder am Lande, und wollte Agnes sehen. Er traf sie auch, aber sie wollte nichts mehr von ihm wissen. Dann fiel er in eine Schlucht hinab und in einen Bach, brach sich die Rippen und war eine ganze Nacht im kalten Wasser gelegen. Aber er wollte nicht umkehren, weil es nach seiner Meinung komisch ausgesehen hätte.

Nun ist er zurückgekommen. Seine Gedanken und seine Gespräche mit Narziß kreisen immer wieder um das Bild seiner Mutter. Sie ist es, die ihm das Sterben leicht macht. Narziß sitzt am Bett des Kranken, bis dessen Leben erlischt. Goldmunds letzte Worte „Ohne Mutter kann man nicht sterben“ brennen Narziß im Herzen wie Feuer.

CHARAKTERISTIK DER HAUPTPERSONEN

(Die römischen Zahlen in Klammern geben die Kapitel an, aus denen die Zitate stammen.)

1. Narziß

So allmählich wie zielstrebig entwickelt Hesse dem Leser den Charakter des Narziß. Noch ehe die Haupthandlung einsetzt, ist von Narziß bekannt, daß er ein Einzelgänger ist, daß jeder im Kloster ihn kennt und daß jeder dort ihn achtet. Narziß hatte erst vor kurzem das Noviziat angetreten, wurde „aber seiner besonderen Gaben wegen gegen alles Herkommen schon als Lehrer verwendet“ (I). Seine Schönheit, sein elegantes Griechisch, sein ritterlich tadelloses Benehmen und sein stiller, eindringlicher Denkerblick werden mehrmals hervorgehoben. Mit dem Abt Daniel hat Narziß bald eine freimütige Unterredung, in deren Verlauf sich seine Eigenschaft, ein „Gefühl für die Art und Bestimmung der Menschen" (I) zu haben, sehr deutlich zeigt. Seine geistige Überlegenheit, aber auch sein Stolz läßt sich in der Auseinandersetzung mit Pater Lorenz erkennen.
In Goldmund witterte Narziß bald einen geistig Verwandten, obwohl dieser „in allem sein Gegenspiel zu sein schien“ (II). Narziß aber hielt sich zurück. „Er wünschte sich diesen hübschen, hellen, lieben Jungen zum Freunde, er ahnte in ihm seinen Gegenpol und seine Ergänzung, er hätte ihn an sich nehmen mögen, ihn führen, aufklären, steigern und zur Blüte bringen.“ (II) Nach dem Ausflug Goldmunds „ins Dorf“ näherte er sich ihm, um ihm zu helfen, um ihm seine Dienste zu erweisen. „Ein andermal“, so dachte Narziß, „würde vielleicht er selbst es sein, der schwach wäre und einer Hilfe, einer Liebe bedürfte.“ (II) „Ihm war alles Geist, auch die Liebe.“ (III) „Wissend und verantwortlich" (III) nahm deshalb Narziß die Aufgabe an, dem Freunde zu helfen. Er wußte von Anfang an, daß er selbst zum Mönch und Asketen bestimmt war; an Goldmunds Bestimmung zum Asketen aber glaubte er nicht.

Das erste Mal gelang es ihm, wirklich ins Innere Goldmunds einzudringen, als dieser ihm vom nächtlichen Ausflug ins Dorf erzählte. Da wurde ihm seine Aufgabe noch klarer: das wirkliche Geheimnis Goldmunds „zu enthüllen, ihn von der Schale zu befreien, ihm seine eigentliche Natur zurückzugeben“ (III). Er dachte in dieser Zeit viel über seinen Freund nach. Was ihm Goldmund aus seinem Leben erzählt hatte, war in ihm nicht zu einem richtigen Bild geworden. Dennoch gelang es ihm, ohne daß es ihm genau bewußt wurde, den Freund an die Kindheit, an die Mutter zu erinnern. Damit machte er ihm mehr bewußt als nur ihren Unterschied: „Du bist Künstler, ich bin Denker. Du schläfst an der Brust der Mutter, ich wache in der Wüste. Mir scheint die Sonne, dir scheinen Mond und Sterne, deine Träume sind von Mädchen, meine von Knaben..." (IV) Jetzt führte er Goldmund zu sich selber. Ohne es zu ahnen, hatte Narziß in dieser Stunde das getan, was zu tun schon lange sein ersehntes Ziel war. Nun, nachdem Goldmund erwacht war, gab sich Narziß mit heiligem Eifer den Vorbereitungen auf die Weihen hin.

Als Goldmund kam, um von ihm Abschied zu nehmen, war er sogleich dazu bereit. Wieder erkannte er sofort Goldmunds seelischen Zustand, und er machte dem Freund den Abschied nicht schwer. Narziß hielt sein Versprechen, immer für den Freund da zu sein. Als sich Goldmund in größter Not befand, befreite er ihn aus dem Gefängnis und rettete ihn vor dem Galgen, indem er an den Grafen einige Konzessionen machte. Auch darin zeigt sich seine Liebe zu Goldmund, daß Narziß um das Ende des Pferdes Bleß so gut Bescheid wußte; denn Narziß hatte sich sonst nie um Tiere gekümmert und wohl auch nie ein anderes Klosterpferd beim Namen gekannt.

Aus dem Jüngling Narziß war in den Jahren, die Goldmund fern vom Kloster zubrachte, ein Mann geworden. „Ein Mann des Geistes zwar und der Kirche, mit zarten Händen und einem Gelehrtengesicht, aber ein Mann voll Sicherheit und Mut, ein Führer, der Verantwortung trug." (XVII) Ihm gelang es jetzt, seinem Freunde Goldmund den Unterschied zwischen dem Künstler und dem Denker am Beispiel von „Urbild" und „Idee" und die Aufgaben, die einem jeden von beiden auf andere Weise gestellt sind, zu erläutern: „Denn indem ein Mensch mit den ihm von Natur gegebenen Gaben sich zu verwirklichen sucht, tut er das Höchste und einzig Sinnvolle, was er kann. Darum sagte ich früher so oft zu dir: versuche nicht den Denker oder den Asketen nachzuahmen, sondern sei du selbst, suche dich selbst zu verwirklichen!" (XVIII)

Durch Goldmunds künstlerische Arbeit wurde auch Narziß belehrt; er mußte lernen, daß es viele Wege zur Erkenntnis gibt und daß der Weg des Geistes nicht der einzige ist. Gemeinsam aber ist, auch das erkannte Narziß, dem Künstler wie dem Gelehrten, daß die Werke beide am Ende beschämen, daß immer wieder von neuem begonnen werden muß.

Groß war die Liebe, die Narziß dem Freunde entgegenbrachte; aber er sprach nie von dieser Liebe. Je länger Goldmund auf seiner zweiten Wanderschaft ausblieb, um so mehr sah Narziß, was er an ihm gehabt hatte. Erst als Goldmund bereits vom Tode gezeichnet war, gestand ihm Narziß, wie sehr er ihn liebte, wieviel er ihm immer gewesen ist, wie reich er sein Leben gemacht hat und daß er der einzige war, den er unter den Menschen wirklich lieben konnte. Das aber konnte Goldmund, dessen Liebe zur Mutter durch Narziß erwacht war, nicht ganz verstehen: „Ohne Mutter kann man nicht lieben. Ohne Mutter kann man nicht sterben.“ (XX) Diese Worte Goldmunds brannten Narziß im Herzen wie Feuer.

Narziß ist ein reiner Vertreter des Geistes, des Verstandes, der Askese und in seiner geistigen Haltung durch die Gegenüberstellung mit Goldmund klar herausgearbeitet. Er ist das Symbol einer Lebensform. Aber wie er selbst im Leben steht, mit diesem Leben zurechtkommen, Konzessionen und Zugeständnisse machen muß, kann er diese Lebensform nicht völlig rein verwirklichen. Ja er muß erkennen, daß sein Weg zur Erkenntnis, zur Rückkehr zu Gott nicht der einzig mögliche ist. Aber er weiß, daß es der Weg ist, der ihm bestimmt war; und diesen Weg hat er nicht verlassen.

2. Goldmund

Nachdem er von seinem Vater in die Klosterschule gebracht worden war, faßte Goldmund, ein hübscher und liebenswerter Junge, sogleich Zuneigung zu zwei Wesen: dem Kastanienbaum und dem Pförtner. Schnell konnte er sich im Kreise seiner neuen Kameraden behaupten, zumal er einem Mitschüler gegenüber Mut bewiesen und später an einem verbotenen nächtlichen Ausflug ins Dorf teilgenommen hatte. Stunden der Einsamkeit verbrachte er bei dem Pferde Bleß, das sein Vater dem Kloster geschenkt hatte. Sein ehrlicher Wunsch und Wille war, „ein guter Schüler zu sein, bald ins Noviziat aufgenommen und dann ein frommer, stiller Bruder der Patres zu werden“ (II).

Dann aber fühlte er sich zum Abt Daniel und zum Lehrgehilfen Narziß besonders hingezogen; zu Abt Daniel, dem Heiligen, wäre er am liebsten als persönlicher Diener gegangen, in Narziß erkannte er den schönen, überlegen klugen Lehrer. Aber Goldmund begriff, daß er nicht den guten, demütigen Abt und zugleich den überklugen, gelehrten, scharfgeistigen Narziß zum Ideal und Vorbild haben konnte. „Und dennoch strebte er mit allen Seelenkräften seiner Jugend beiden Idealen nach, den unvereinbaren.“ (II)

Sehr bedrückte ihn der scheue Mädchenkuß, den er beim Ausflug ins Dorf bekommen hatte. So sehr er die Freundschaft mit Narziß gesucht hatte, so ungelegen war ihm, daß sie sich gerade in dem Augenblick anbahnte, als er schwach war. Nun aber gab er sich „innig und glühend, spielend und rechenschaftslos“ (III) dieser neuen Freundschaft hin. „Ihm lag es ferne, sich seinen Freund als Widerspiel und Gegenpol zu denken. Ihm schien, es bedürfe ja nur der Liebe, nur der aufrichtigen Hingabe, um aus zweien eins zu machen, um Unterschiede auszulöschen und Gegensätze zu überbrücken.“ (III) Goldmunds Natur aber war umgeben von Einbildungen, Erziehungsfehlern und Vaterworten. Narziß, der versuchte, ihn zur Selbsterkenntnis zu führen, stieß bald auf den wahren Grund der Nöte Goldmunds: „Du fühlst im Weib, im Geschlecht, den Inbegriff dessen, was du ’Welt’ und ‘Sünde’ nennst.“ (III)

Goldmund gehörte, wie Narziß bald erkannte, zu den Naturen „mit den starken und zarten Sinnen” (IV), zu den Träumern, Dichtern, Liebenden. Seine Herkunft war eine mütterliche. Nach dem Gespräch mit Narziß hatte Goldmund sein eigenes Mutterbild wiedergefunden. „Er sah die Große, Strahlende, mit dem voll blühenden Munde, mit den leuchtenden Haaren. Er sah seine Mutter.“ (IV) Nun, nach über drei Jahren Klosterleben, da Goldmund zu sich selbst gefunden hatte, Kindheit und Mutterliebe ihm wieder bewußt geworden waren, befreite er sich von der geistigen Führerschaft seines Freundes Narziß. Jetzt wurde Goldmunds Leben ein Abschiednehmen und Vorwärtsdrängen in Unbekanntes. Der Mutteranruf hatte ihn aus seinem bisherigen Leben, in dem er den väterlichen Wunsch zu dem seinen gemacht hatte, mit Gewalt herausgerissen.

Mit Lise hatte Goldmund sein erstes Liebeserlebnis. Damit hatte er „ein Land betreten, in dem er die Wege allein fand, in dem kein Narziß ihn mehr führen konnte“ (VI). In Lises Abschiednehmen von Goldmund und in ihrer Rückkehr zu ihrem Manne wiederholte sich, was Goldmund von seiner Mutter wußte.

Nun wurde Goldmund zum Landstreicher. Hunger und Durst lernte er kennen, mehr aber noch die Frauen. Was sie am meisten an ihm anzog und in ihn verliebt machte, war seine Stimme, „diese heimlich singende, warm ausstrahlende, sanft werbende junge Männerstimme, die wie Liebkosung klang“ (VII). „Goldmund ging auf alles ein, er war unersättlich und biegsam wie ein Kind, er stand jeder Verführung offen: nur dadurch war er selbst so verführend.“ (VII) Und er ahnte: „Vielleicht war das seine Bestimmung: die Frauen und die Liebe auf tausend Arten und in tausend Verschiedenheiten bis zur Vollkommenheit kennenzulernen... Wozu freilich dies gut ist, wohin es führe, wußte er nicht...“ (VII)

Als er eine kreißende Frau beobachtete, „fiel ihm etwas Unerwartetes auf: die Linien im Gesicht der Schreienden waren wenig verschieden von jenen, die er im Augenblick des Liebesrausches auf anderen Frauengesichtern gesehen hatte... Wunderbar, ohne daß er begriff warum, überraschte ihn diese Einsicht, daß Schmerz und Lust einander ähnlich sein konnten wie Geschwister.“ (IX)

Vom Landstreicher Viktor lernte er vieles, was ihm half, die drei großen Bedürfnisse des Heimatlosen — die Sicherung gegen Lebensgefahr, das Finden eines Nachtlagers und das Beschaffen von Nahrung — zu erfüllen. Schwer lastete auf ihm, daß er Viktor, wenn auch aus Notwehr, umgebracht hatte. In einem Fiebergespräch redete er mit ihm, redete aber auch mit Narziß, dem er seine neuen Einfälle, Weisheiten und Scherze mitteilte.

Stark beeindruckte ihn die Muttergottesfigur des Meisters Niklaus; ihn, den Künstler, zu finden, nahm er sich vor. Und er erreichte sein Ziel. Mit dem Meister führte Goldmund ein langes Gespräch über die Kunst. Als er dann seinen Freund Narziß malte, vollzog er diese Aufgabe wie eine Opferhandlung. Er war froh, daß ihn der Meister annahm. Aber er blieb ein ungleichmäßiger Arbeiter, den die Arbeit nur so lange fesselte, als sie ihm schwierige Aufgaben stellte. „Für ihn waren Kunst und Künstlerschaft wertlos, wenn sie nicht brannten wie Sonne und Gewalt hatten wie Stürme, wenn sie nur Behagen brachten, nur Angenehmes, nur kleines Glück.“ (XI) Immer wieder regte sich in ihm das Blut der Mutter, „der Stolz und die Verachtung des Heimatlosen gegen die Seßhaften und Besitzenden“ (XI). „Die Liebe und Wollust schien ihm das einzige zu sein, wodurch das Leben wahrhaft erwärmt und mit Wert erfüllt werden könne.“ (XI) Sein Weg, das ahnte er, führte zur Mutter, zur Wollust und zum Tode. Deshalb nahm er Abschied von seiner Schöpfung, dem Jünger Johannes, Abschied von Meister Niklaus und der angebotenen bürgerlichen Existenz. Auf seinen langen Wanderungen kannte Goldmund nichts als Hunger und Liebe und den Wechsel der Jahreszeiten. Noch einmal wurde er zum Mörder, diesmal an einem, der seine Geliebte vergewaltigen wollte. Immer wieder aber sah er in den Augenblicken der Selbstbesinnung das Eva-Gesicht, die Urmutter. Deshalb fürchtete er sich auch in den Zeiten der Pest nicht vor dem Tode, denn der Tod war für ihn auch „eine Mutter und Geliebte" (XIV). Mit dem Wachsen des Mutterbildes war Goldmunds Glaube an Gott mehr und mehr geschwunden. Auf tausend Fragen erhielt er von ihm keine Antwort. Sein Gebet in der leeren Kirche blieb ein tiefes Seufzen. Er hörte nicht mehr die Stimme Gottes, nur noch die der Mutter.

Eigenartig mutete ihm an, daß sein Freund Narziß, nachdem dieser Abt geworden war, Johannes hieß. Den gleichen Namen hatte er dem Freunde damals gegeben, als er bei Meister Niklaus die Figur schnitzte. Schwierig wurde es ihm, den Belehrungen des Narziß zu folgen und den Unterschied zwischen Künstler und Denker zu begreifen. Allmählich aber erkannte er deutlich die drei großen Stufen seines Lebens: „die Abhängigkeit von Narziß und ihre Lösung — die Zeit der Freiheit und des Wanderns — und die Rückkehr, die Einkehr, den Beginn der Reife und der Ernte." (XVII)

Nach seiner Rückkehr ins Kloster gewann Goldmund innere Festigkeit. Er beichtete und vollzog die ihm auferlegten Übungen monatelang. Er fand Befriedigung in der Kunst. Aber die Stimme der Mutter war stärker. Noch einmal zog sie ihn verlockend in die Welt hinaus. Krank und vom Tode schon gezeichnet kam er ins Kloster zurück. Kunstwerke zu schaffen war jetzt nicht mehr sein Wunsch. Er sehnte sich nach dem Tode. Frieden mit Gott hatte er nicht gefunden. Aber er hörte die Stimme der Mutter. „Sie war die Zigeunerin Lise, sie war die schöne Madonna des Meisters Niklaus, sie war das Leben, die Liebe, die Wollust, sie war auch die Angst, der Hunger, der Trieb. Jetzt ist sie der Tod, sie hat ihre Finger in meiner Brust." (XX) Goldmund hatte geglaubt, nicht sterben zu können, ohne ihre Figur gestaltet zu haben. Jetzt, so bekannte er am Ende seines Lebens, war sie es, „die mich formt und gestaltet“ (XX). Und er kann Narziß gestehen: „Ich sterbe gern, sie macht es mir leicht.” (XX)

Goldmunds Selbstverwirklichung führte durch viele Nöte und Zweifel, aber auch durch Freuden und Erfüllungen. Das Bild der Mutter ist ihm seit der Erweckung durch Narziß Führer und Leitstern, Lockruf und Trost gewesen. In seinen glücklichsten Stunden fand Goldmund sich in Harmonie mit diesem Mutterbild; in dieser Harmonie starb er.

HAUPTPROBLEME

1. Das Künstlerproblem

Zwei Künstler hat Hesse in seiner Erzählung „Narziß und Goldmund" gestaltet: Goldmund und Meister Niklaus. Die Darstellung des Künstlerproblems in diesem Werk hat deshalb ihren Schwerpunkt in der Schilderung Hesses von Goldmunds erstem Aufenthalt in der Bischofsstadt und seiner Begegnung mit Meister Niklaus. Niklaus ist der Bürger, der Seßhafte, Goldmund der Wandernde, der Ruhelose. Von Meister Niklaus lernen wir ein fertiges Kunstwerk kennen, Goldmund erleben wir bei der Arbeit, beim Ringen um das Kunstwerk. Hier entsteht eine Spannung, die die ganze Erzählung durchzieht.

Narziß, der fromme Denker und Freund Goldmunds ist es, der ein Gefühl für die Art und Bestimmung der Menschen hat. Er kann Goldmund erklären, daß dieser zu den Naturen mit den starken und zarten Sinnen, zu den Künstlern gehöre. Goldmund aber erfaßt diese Wahrheit erst, als es Narziß gelingt, ihn an seine Kindheit und an seine Mutter zu erinnern. Jetzt wird Goldmund sehend. Er sieht die Mutter, die ihn ruft und lockt, sieht und erkennt aber noch nicht seine Berufung.

Auf seiner ersten Wanderung wird ihm dann bewußt, „wie er in Mußestunden manchmal gezeichnet hatte, wie er mit dem Griffel auf seiner Schreibtafel Figuren gezogen hatte, Blumen, Blätter, Bäume, Tiere, Menschenköpfe. Damit hatte er oft lange gespielt, und manchmal hatte er wie ein kleiner Herrgott Kreaturen nach seinem Willen erschaffen, er hatte in einen Blumenkelch Augen und einen Mund gezeichnet, er hatte ein aus dem Zweig sprossendes Blätterbündel zu Figuren gestaltet, er hatte einem Baum einen Kopf aufgesetzt. Bei diesem Spiel war er oft eine Stunde lang glücklich und verzaubert gewesen, hatte zaubern können, hatte Linien gezogen und sich selbst davon überraschen lassen, ob aus der begonnenen Gestalt das Blatt eines Baumes, die Schnauze eines Fisches, der Schwanz eines Fuchses, die Augenbraue eines Menschen werde.“ (VII)

Ganz ergriffen von dieser Berufung wird Goldmund erst, als er die Madonna des Meisters Niklaus sieht. Nun hält ihn nichts mehr, er will Schüler des Meisters werden. Im Gespräch mit Niklaus gesteht Goldmund: „Ich habe viele Gesichter und Gestalten gesehen und habe über sie nachgedacht ... Es ist mir aufgefallen, wie in einer Gestalt überall eine gewisse Form, eine gewisse Linie wiederkehrt, wie eine Stirn dem Knie, eine Schulter der Hüfte entspricht, und wie das alles im Innersten gleich und eins ist mit dem Wesen und Gemüt des Menschen ...“ (X) Gerade an Meister Niklaus entdeckt Goldmund einen Widerspruch zwischen Gesicht und Händen. Dieser Widerspruch beschäftigt ihn lange.

Goldmund gehört nicht zu den unseligen Künstlern, die wohl hohe Gaben haben, zu ihrer Äußerung aber nie die rechten Mittel finden. Es fällt ihm leicht und macht ihm Spaß, seine Hände zu gebrauchen und die Griffe und Fertigkeiten des Handwerks zu lernen. Aber für ihn sind Kunst und Künstlerschaft wertlos, wenn sie nicht brennen wie Sonne und Gewalt haben wie Stürme, wenn sie nur Behagen bringen und Angenehmes.

Auch Meister Niklaus ist ein Künstler, aber er nimmt alle Arbeiten an, weil er ein berühmter und mit Aufträgen überhäufter Künstler sein und viel Geld für seine Tochter anhäufen will. Das ist der Widerspruch in seiner Persönlichkeit, den Goldmund sogleich sieht. Das ist der Widerspruch aber auch zwischen dem von der Kunst ergriffenen Goldmund und den Seßhaften und Besitzenden, von denen Meister Niklaus einer ist.

Daß etwas von wahrem Künstlertum auch in Meister Niklaus steckt, das beweist nicht nur seine Madonna, das beweist auch die Hoffnung, die er in Goldmund setzt. Aber Meister Niklaus ist der bürgerlichen Sphäre verhaftet. Deshalb kann er nicht verstehen, daß Goldmund den Meisterbrief, die Werkstatt und seine Tochter Lisbeth ausschlägt.

Goldmund ahnt aber auch bereits das Geheimnis seiner Künstlerschaft, seiner innigen Liebe zur Kunst. Gefühlsmäßig spürt er, daß sie die Vereinigung von väterlicher und mütterlicher Welt, von Geist und Blut ist. Er hofft, daß die Eva-Mutter, wenn es ihm einst gelänge, sie zu gestalten, dieses Doppelgesicht am deutlichsten zeigen werde. Doch Goldmund spürt zugleich, daß die Kunst kein reines Geschenk ist, sondern Opfer verlangt. Er selbst hat ihr mehr als drei Jahre lang das Höchste und Unentbehrlichste geopfert, was er nächst der Liebeswollust kennt, die Freiheit. Er weiß, daß die Kunst nicht nur der Intuition, der Schulung der Augen und der Hände, sondern auch vieler nichtiger Dinge bedarf. Sie braucht Werkzeuge, Hölzer, Ton, Farben, Gold, sie verlangt Arbeit und Geduld. Und sie fordert noch eine andere Art der Entsagung: Goldmund spürt den Schmerz beim Abschiednehmen von einem Kunstwerk, das er geschaffen hat; er spürt, daß er leer zurückbleibt.

Aber die Kunst vermag mehr. Sie stärkt seinen Blick, die Gabe des Beobachtens, das Erahnen von Möglichkeiten, und er erkennt, daß auch das Ungreifbare, Gestaltlose auf seine Seele wirkt. Es wird ihm klar, daß das Urbild der Kunst geistig ist. Und als er diesem Geheimnis, das schon oft in seiner Seele aufleuchtete, auf die Spur kommt, sieht er die Gestalt der Urmutter, in der die Gegensätze der Welt, die sonst unvereinbar sind, Frieden geschlossen haben und beisammen wohnen: „Geburt und Tod, Güte und Grausamkeit, Leben und Vernichtung.“ (XII) Als er einst über dem Bett einer gebärenden Bäuerin das Licht halten mußte, fing das Bild in ihm zu leben an. Als er bei Marie ist, versucht er zum ersten Mal, das Bild der Urmutter zu zeichnen. Weiter kommt er nicht in seinem Bemühen, dieser Urmutter als Künstler sichtbare Züge zu verleihen. An seinem Ende spürt er, daß er sie zwar gestalten könnte, wenn er die Kraft dazu hätte, daß er sie aber jetzt gar nicht mehr gestalten will. Er hat das letzte Erstrebenswerte seiner Kunst, die Urmutter, ganz in sich aufgenommen, daß sie der sichtbaren Gestaltung für ihn nicht mehr bedarf.

Der Künstler Goldmund ist mitten hineingestellt in die Spannung von Natur und Geist. Aus dieser Spannung lebt sein Künstlertum. Bürgerliche Seßhaftigkeit und Freiheit, handwerkliche Notwendigkeit und künstlerischer Anspruch, das Angefülltsein mit Bildern und das Gefühl der Leere, Kunst als Broterwerb und Kunst aus innerer Leidenschaft, Ahnung und Verwirklichung der Bilder, das sind die Ausdrucksformen dieser Spannung.

Daß Goldmund aber am Ende seines Lebens Zufriedenheit erlangte, hat darin den Grund, daß er die innerste Triebkraft seiner Kunst, das Bild der ewigen Mutter, erkannte und mit dieser in ihm lebendig gewordenen Gestalt versöhnt ist.

2. Das Bild der Mutter

Das Bild Goldmunds von seiner Mutter, das sich im Laufe seines Lebens mit dem Bild von der Urmutter vereinigt, ist die Triebkraft seines Lebens.

1. Die Entwicklung des Mutterbildes
   a) Der mutterlose Klosterschüler Goldmund und sein Streben zum Geistesmenschen
   b) Das vom Vater übernommene Mutterbild Goldmunds
   c) Goldmunds Entdeckung der Mutter nach dem Gespräch mit Narziß
   d) Der Ruf der Mutter in der Begegnung Goldmunds mit Lise
   e) Der beständige Wandel und das Wachstum des Mutterbildes (Elftes Kapitel)
   f) Goldmunds Gestaltung des Mutterbildes (Fünfzehntes Kapitel)
   g) Goldmunds Mutteranruf in der Todesfurcht (Sechzehntes Kapitel)
   h) Der Ruf der Mutter an den sterbenden Goldmund

2. Die Bedeutung des Mutterbildes
   a) Die Mutter als Ruferin und Lockende
   b) Die Mutter in den Bildern des Lebens (Zwölftes Kapitel)
   c) Das Mutterbild als das geheimnisvoll Ewige
   d) Das Mutterbild als versöhnende Kraft

Das Bild der Urmutter ist für Goldmund gottähnlich, es steht hinter allen Erscheinungsformen des Lebens, es ruft, lockt und führt Goldmund und es gibt ihm den Frieden, den er sucht.

3. Die Frauengestalten

Alle Frauengestalten dieser Erzählung werden vom Dichter ausschließlich der Gestalt Goldmunds zugeordnet. Sie sind es, die sein Leben entscheidend beeinflussen, sie sind es aber auch, die seinem Leben einen Sinn geben: „Die Liebe und Wollust schien ihm das einzige zu sein, wodurch das Leben wahrhaft erwärmt und mit Wert erfüllt werden könne." (XI) So wurde Goldmund bald aus seinem Bestreben herausgerissen, „ein frommer, stiller Bruder der Patres zu werden" (II).

Das junge Mädchen im Dorfe war es gewesen, das mit seinem scheuen Kuß eine gewaltige Erschütterung in Goldmund hervorrief. Zum ersten Mal zweifelte Goldmund an seiner Bestimmung zum Klosterbruder, an die er bis dahin so fest geglaubt hatte. Nun fühlte er im Weib, im Geschlecht den Inbegriff dessen, was er „Welt" und „Sünde" nannte. Durch dieses Ereignis ausgelöst und durch das Gespräch mit Narziß bewußt gemacht, begann in ihm das lange verdrängte Bild von der Mutter wieder zu leben. Es wurde ihm zu seinem Führer und zu seinem Schicksal.
Lise, die Frau mit den braunen Augen, dem schlanken Leib, den festen Hüften und den schwarzen Haaren, beeinflußte dann, ohne daß sie es wollte, Goldmunds Entscheidung, das Kloster zu verlassen. In der Begegnung mit ihr war Goldmund auch zum ersten Mal frei von der Führung durch Narziß.
Die Bauersfrau mit den starken Armen, dem sommersprossigen Gesicht, den starken durstigen Lippen und den funkelnden Zähnen machte ihn sehr glücklich, aber auch traurig, weil er hier schon von Anfang an um die Einmaligkeit der Begegnung wußte und den Schmerz des Abschiednehmens noch deutlicher als beim Weggang Lises spürte. Alle Frauen, mit denen Goldmund zusammen war, kehrten sofort zu ihren Männern zurück. Keine einzige hatte ihn je gebeten, sie mitzunehmen. Goldmund spürte die Vergänglichkeit der Liebe. Die Sehnsucht nach einer Frau verließ ihn jedoch, sobald er in den Armen einer anderen lag.

Die Liebe zur Ritterstochter Lydia zeigt Goldmunds Verlangen, aber auch sein Entsagenkönnen. Daß Lydia nie seine Braut werden konnte, wußte er wie sie. Goldmund liebte aber auch Julie, die Schwester Lydias. Ihre ungewöhnliche Schönheit und ihre altkluge Kinderunschuld waren für Goldmund ein großer Reiz. Aber Lydia hatte mehr Macht über ihn gewonnen. Er liebte sie so sehr, daß er aus Liebe zu ihr sogar auf ihren völligen Besitz verzichtete. Ihre Seele war ihm bekannt und lieb geworden. Goldmund war erstaunt und entzückt darüber, wie sehr diese Seele dem Leibe Lydias entsprach.

Die gebärende Frau brachte Goldmund ein neues Erlebnis. Er sah „dasselbe etwas grinsende Sichzusammenziehen, dasselbe Aufglühen und Erlöschen" (IX), wie er es bei den Liebenden beobachtet hatte.

Christine mit dem schlaugütigen Lachen in ihrem Bauerngesicht, die junge Magd in der Mühle, die Bauernmagd Franziska und Katharine in der Bischofsstadt machen es deutlich, worin Goldmund den Wert des Lebens sah.

Von Lisbeth, der Tochter des Meisters Niklaus, fühlte sich Goldmund stark angezogen. „Eine große Ruhe und Unschuld, eine Zucht und Reinheit, und dennoch keine Kindlichkeit, sondern hinter aller Artigkeit und Sitte eine versteckte Kälte, ein Hochmut, so daß ihre Unschuld ihn nicht rührte und wehrlos machte (er hätte niemals ein Kind verführen können), sondern ihn reizte und herausforderte" (XI), das lockte ihn, machte ihn zugleich aber auch mißtrauisch. Und Lisbeth war nicht einmal dagegen, als ihr Vater sie mit Goldmund verheiraten wollte. Aber Lisbeth bedeutete Seßhaftigkeit, und das entsprach nicht dem Wesen Goldmunds. Er nahm Abschied, und als er später wiederkam, spürte er, wie Lisbeth ihn dieser Zurückweisung wegen verachtete.

Marie, die Tochter seiner Wirtsleute, „ein stilles kränkliches Geschöpf mit schönen Augen, aber mit einem Schaden am Hüftgelenk" (XII), hatte einst aus Mitleid von Goldmund einen Abschiedskuß bekommen. Nach Goldmunds Rückkehr in die Bischofsstadt wird ihre Liebe zu ihm noch deutlicher. Wie wünschte sie sich, daß sie gesund, schön und stark wäre, um Goldmund zu gefallen. Enttäuscht und traurig blieb sie zurück.

Mit Lene verlebte Goldmund eine glückliche Zeit in der einsamen Hütte. Aber sie war eine Bauerntochter, dachte schon bald an den bevorstehenden Winter und zeigte damit, daß sie nicht imstande war, das Leben der Landfahrer zu teilen. Ihr war es deshalb wie eine Erlösung aus dem Widerstreit zwischen inniger Liebe zu

Goldmund und dem Unvermögen, an seinem unruhevollen Wanderleben teilzunehmen, als sie den Tod nahen spürte.

Das schwarze glühende Judenmädchen Rebekka mit dem stolzen, königlichen, aber abweisenden Gesicht läßt ihn noch deutlicher erkennen, wie wenig seine Lebensansichten und seine Lebenshaltung von anderen geteilt werden. Rebekka ging von ihm, aber Goldmund wußte, daß alle diese Menschen „in seiner Seele weiterlebten und von ihm gestaltet und aufbewahrt würden" (XIV).

Groß war Goldmunds Liebe zu Agnes, der Geliebten des Grafen. Sie gab seinem Leben eine neue Mitte. Für Goldmund war Agnes die schönste Frau, die er gesehen hatte. Die Begegnung mit ihr brachte eine neue Wende in Goldmunds Leben: seine Gefangenschaft und seine Wiederbegegnung mit Narziß. Sie aber ließ ihn bei einer späteren Begegnung dasselbe spüren, was Goldmund schon bei Franziska hatte erfahren müssen: daß er ihr zu alt und nicht mehr hübsch und vergnügt genug war.

Damit hat sich der irdische Lebenskreis Goldmunds vollendet. Erfüllung seiner Liebessehnsucht kann er nicht mehr bei den Frauen finden. Aber er ahnt und findet diese Erfüllung in der Liebe zur Urmutter, die ihn ins Leben lockte, die ihm dieses — sein ganz eigenes — Leben leicht machte und die ihm nun auch in den Tod hilft.

4. Die Gestaltung des Polaritätsgedankens

Der Titel der Erzählung ist symbolhafter Ausdruck für den in dieser Dichtung gestalteten Polaritätsgedanken. Was aus den Erzählungen Hesses — besonders seit dem „Demian" — deutlich hervorgeht, ist hier in scharfer, fast überdeutlicher Konfrontierung herausgearbeitet.

1. Die Polarität Narziß - Goldmund
   a) Die Verschiedenartigkeit der Herkunft, der Aufgabe und des Lebensverhaltens beider
   b) Bilder, in denen Narziß diese Polarität sichtbar macht
      aa) Sonne — Mond (Viertes Kapitel)
      bb) Künstler — Gelehrter (Viertes u. achtzehntes Kapitel)
2. Die Polarität Seßhafter - Landfahrer
   a) Meister Niklaus - Goldmund
   b) Lene - Goldmund
3. Die Polarität Vergänglichkeit des Lebens — Unvergänglichkeit der Kunst (Sechzehntes Kapitel)

Die vielfältige Gestaltung des Polaritätsproblems macht die Spannungen, in denen der Mensch steht, deutlich. Eine Versöhnung der Gegensätze ist nur durch das Erkennen und Verstehen des Gegenpols möglich. Hesse macht dem Leser diese Polaritäten bewußt und gibt damit echte Lebenshilfe.

5. Über die Fragwürdigkeit der Kritik Deschners an der Erzählung

Deschner hat in einigen literarischen Vorträgen heftige Kritik an zeitgenössischen Dichtern, vor allem an Bergengruen, Carossa, Hesse und Jünger geübt; bei Hesse hat er es besonders auf die Erzählung „Narziß und Goldmund" abgesehen. Was sich in diesen Vorträgen herauskristallisierte, das faßte er in einem Bändchen unter dem Titel „Kitsch, Konvention und Kunst" zusammen; es erschien 1957 in der List-Bücherei; der attraktive Titel dieser literarischen Streitschrift sorgte für die Publizität dieses Werkes. Der Inhalt der Ausführungen Deschners forderte jedoch auch zu starkem Widerspruch heraus.

Was behauptet Deschner? Zunächst zitiert er knapp anderthalb Seiten aus dem achten Kapitel dieser Erzählung Hesses, und zwar die Szene, in der Lydia zum ersten Mal in Goldmunds Schlafzimmer kommt. Dann fügt er die Behauptung an, daß es in dieser Tonart fortgehe, daß dieser Text der Stilhöhe, der Sprachnorm und dem durchschnittlichen ästhetischen Habitus der Erzählung entspreche. Dem folgt sein Urteil: „Eine ganz und gar auf dem längst Vorgeprägten und Verbrauchten fußende Ausdrucksweise, die hier deutlich das Zuckrig-Romantische, Läppisch-Empfindsame, das Alberne und Abgeschmackte streift ... Etwas derart Glasiert-Idyllisches, fast möchte man sagen Anakreontisch-Vertändeltes wirkt auf uns heute blaß, poliert, süßlich, siruphaft, sentimental, es ist von einer peinlichen Abgeschmacktheit."

An einem anderen Passus aus dieser Erzählung will Deschner zeigen, daß in dem von ihm anfangs Zitierten das durchschnittliche sprachliche und psychologische Niveau Hesses zutage trete. Als weitaus schlechter kennzeichnet er die Stelle aus dem vierzehnten Kapitel der Erzählung, wo Goldmund den Landstreicher umbringt, der Lene vergewaltigen will. Dazu meint er, daß eine solche Stelle in jedem schlechten Kriminalroman oder Groschenheft Triumphe feiern könnte.

Um zu beweisen, daß gerade auch die Hauptfiguren Narziß und Goldmund ebenso blaß, schablonenhaft und konventionell wirken wie der Stil, zitiert er aus dem vierten Kapitel einen Abschnitt, in dem Narziß über die Natur des Künstlers spricht, und meint, das sei eine Schwarzweißtechnik billigsten Schlages, solche Menschen existieren nicht, das seien Konstruktionen.

Übertrieben sei die Wirkung der Worte des Narziß auf Goldmund. Dazu wird wieder aus dem vierten Kapitel ein etwas späterer Abschnitt zitiert. Im Anschluß daran erlaubt sich Deschner, die „konventionelle, abgegriffene Sprache“ Hesses als „einfach unerträglich“ abzutun. Ohne Beweise zu erbringen, schreibt Deschner dann weiter von „offensichtlichen grammatikalischen Fehlern, die sich in nicht unbeträchtlicher Zahl (in dieser Erzählung) vorfinden, deren Vermeidung nicht zuletzt Sache des Lektorats gewesen wäre“.* Den nach seiner Meinung unverkennbar schlechten Stil der Erzählung versucht er dann noch mit einigen Zitaten zu belegen, um dann zu dem Schluß zu kommen: „‚Narziß und Goldmund‘ ist Ausdruck einer typisch epigonalen Kunst.“ „Goldschnittsirup“ sei dieses Buch.*

Was tut Deschner? Er stellt einige Zitate zusammen, um danach zu behaupten, Hesse beherrsche die Grammatik nicht, sein Stil wirke blaß, poliert, süßlich, siruphaft, sentimental und abgeschmackt, die Hauptfiguren seien blaß, schemenhaft und konventionell wie die Sprache Hesses, man könne einige Wendungen in diesem Buche nicht mehr mit gutem Gewissen lesen.

Was tut Deschner nicht? Er betrachtet nicht die Problematik, um die es Hesse in diesem Werke geht. Kein Wort über die Polarität, das Mutterproblem und das Künstlerproblem findet sich in seiner Kritik. An keiner Stelle unternimmt er den Versuch zu einer Gesamtbetrachtung von Stoff, Form und Gehalt. Allein den Sprachstil versucht er zu beurteilen, nur über ihn bricht er den Stab, und das tut er, ohne den Leser seiner Schrift daran zu erinnern, daß es auch noch andere Kriterien für Kunst gibt.

Was ist dazu zu sagen? So viel steht fest: „Wenn sprachliche und formale Mängel aufgedeckt werden, spielt auch der berühmteste Name keine Rolle.“ Aber „was Hermann Hesse anbelangt,

---

* Diese Behauptung hat Deschner in der Neuausgabe von 1980 unterlassen.

so hat er mit bewegender Aufrichtigkeit selbst zugestanden, daß ihm Phantasie und Gestaltungsfülle des Genies fehlen. Warum also das einem Achtzigjährigen noch einmal ins Gesicht brüllen?" (A. N. in „Düsseldorfer Nachrichten" vom 5. 9. 1957).

Die Themen Landschaft, Liebe und Herbst, auf die Deschner seine Kritik stützt, „stehen deutlich außerhalb der Aktualität, und da sie von der Zeit her schwer zu beeinflusssen sind, haftet ihnen von vornherein etwas Traditionelles an. Deschner wählt also eine Motivgruppe, die das, was er bekämpft, automatisch enthalten muß ... Es läßt sich nicht abstreiten, daß einige seiner schnoddrigen Verwerfungen ein kleines Korn Wahrheit mitführen ..." Aber „er leidet unter der fixen Idee, daß auch die dichterische Sprache — wie etwa die Elektrotechnik — dem Fortschritt unterworfen sei ... Seine Schrift ... ist ohne Einsicht in das Geheimnis der dichterischen Sprache, das sich in anderen Regionen enthüllt als denen, die ihm zugänglich sind." (Friedrich Sieburg in „Frankfurter Allgemeine Zeitung" vom 12. 10. 1957) Wenn Deschner die Hauptgestalten der Erzählung als „konstruiert" verwirft, dann läßt das darauf schließen, daß er herzlich wenige moderne Erzählungen gelesen hat.

So hat dieses Buch Deschners, das ein scheinbares Tabu angreift, eine lebhafte Diskussion ausgelöst. (Karl Heumann in „Die Zeit", Hamburg, vom 5. 9. 1957; „Der Spiegel", Hamburg, vom 20. 11. 1957 und vom 4. 12. 1957; Günter Weidle in „Stuttgarter Zeitung" vom 23. 11. 1957; Siegfried Melchinger in „Stuttgarter Zeitung" vom 30. 11. 1957; Karl August Horst in „Die Zeit", Hamburg, vom 7. 12. 1957; Rudolf Walter Leonhardt in „Die Zeit", Hamburg, vom 7. 12. 1957; Jürgen Eyssen in „Bücherei und Bildung", Reutlingen, Mai 1958).

So dankenswert der Ansatz zu einer Kritik, wie sie Deschner geben will, ist, die bewiesene Einseitigkeit der Untersuchung muß Deschners Versuch zusammenbrechen lassen. Was von seinem Buche ausgeht, sind Denkanstöße, mehr aber nicht. Seine Streitschrift bleibt billige Polemik, seine massiven Einwände bleiben unbegründet, weil er sich nicht des rechten methodischen Rüstzeugs bediente.

MATERIALIEN

1. Hesses Sprache

,,Mit diesem [schlechten] Stil verbindet sich eine ausgesprochen unschöpferische, konventionelle Diktion, eine Sprache, die man hundert Jahre früher schon überzeugender gehandhabt hat in der deutschen Romantik, zu deren letzten Ritter Hugo Ball Hermann Hesse ja schlug. Allein letzte Ritter sind selten glanzvoll; ein bißchen traurig, ein bißchen komisch; Zurückgebliebene, Nachzügler, Nachtöner — Epigonen. . . Kein Bild und keine Wendung dieses Buches, die man nicht bei Früheren schon oft und oft gelesen hätte.'' (Karlheinz Deschner: Kitsch, Konvention und Kunst. Erg. und überarb. Neuausg. Frankfurt a.M., Berlin, Wien: Ullstein 1980, S. 125.)

,,Hesses Bücher lesen sich leicht. Das Einfache ihrer Sprache, das, was seine Schriften so großen Leserschichten gleich welchen Alters, welcher Bildung und Nationalität zugänglich macht, ist aber nur auf den ersten Blick simpel. Um *so* schreiben zu können, muß man zuerst *so* gelebt haben. Dann ergibt sich ungesucht eine Präzision des Ausdrucks, deren suggestive Einfachheit manchem wie Harmlosigkeit vorkommen mag, weil er die Dinge selbst und nicht mehr über sie reden hört. Denn die Fähigkeit, Ursachen zu erkennnen und ihre Wirkungen deutlich beim Namen zu nennen, steht und fällt mit der Intensität des Erlebten und dem Grad der Verletzbarkeit des Darstellers. Diese bestimmen das Ausmaß, in dem Individuelles in Allgemeingültiges umschlagen und psychische Gesetzmäßigkeiten freilegen kann, die auch in der veränderten Umwelt anderer Generationen wiedererkannt und als gegenwärtig erlebt werden.'' (Volker Michels: Hermann Hesse, immer wieder Autor der jungen Generation. In: Über Hermann Hesse. Zweiter Band, Frankfurt a.M.: Suhrkamp 1977, S. 110—140; hier S. 132.)

,,Der Stoff beeinflußte die Ausdrucksweise ebenso gründlich wie die Struktur, das Tempo der Erzählung, die Wahl und Ordnung der Personen, die physische Aktion und emotionale Reaktion. Selbst die technischen Einzelheiten von Hesses Prosa tragen den Stempel der Dichotomie*. Der erste Absatz führt nachdrücklich den Zweischlag-Rhythmus ein, der sich durch den Roman zieht. Der Absatz enthält zwei Sätze, deren erster wiederum aus zwei großen Teilen besteht; der zweite dieser Teile wird von einem Paar nebengeordneter Hauptsätze eingeleitet und durch zwei nebengeordnete Gefüge aus je fünf Haupt- und untergeordneten Sätzen fortgeführt. Dieses Koppeln von Sätzen und Paaren von Satzgefügen ist zu organisiert, als daß es unabsichtlich gesche-

* Zweiteilung.

hen sein könnte. Eine genaue Prüfung der Syntax deutet ebenfalls auf diese Absicht hin. Der erste Teil des ersten Satzes besteht aus vier syntaktischen Paaren: zwei Präpositionalausdrücken, die Mariabronns einsamen Kastanienbaum lokalisieren, dem Subjekt Baum und einer Apposition, zwei weiteren Präpositionalausdrücken, die die südliche Herkunft des ungewöhnlichen Baums erklären, und einer zweiten Apposition, die sich auf den Baum bezieht, zusammen mit einer näheren präpositionalen Bestimmung. Der zweite Teil des ersten Satzes lenkt die Aufmerksamkeit auf das Erscheinungsbild des Baumes im Frühjahr und im Herbst und setzt sich aus mindestens zwanzig syntaktischen Paaren zusammen. Der zweite Satz betont noch einmal den fremden Ursprung des Baumes, lenkt die Aufmerksamkeit auf die unterschiedliche Reaktion der Welschen und der Einheimischen auf diesen Baum und besteht aus mindestens acht weiteren syntaktischen Paaren.
Nicht nur die Syntax, sondern auch die Wortwahl und das Nebeneinandersetzen von Begriffen wurden von Hesses Interesse an der Dichotomie beeinflußt. Zusammensetzungen und Zweisilber sind fast aufdringlich in ihrer Fülle. Der erste Absatz enthält nicht weniger als zweiunddreißig dieser zweiteiligen Substantive, Adjektive und Adverbien. Diese Qualität wird eingeleitet durch die unverzügliche Erwähnung der kleinen Doppelsäulen, die den Rundbogen des Klostereingangs von Mariabronn tragen, und dann vertieft durch die geordneten antithetischen Bezugnahmen auf den Kastanienbaum und die Walnußbäume, den Norden und den stillschweigend einbegriffenen Süden, den Frühling und den Herbst, die Buben und den Subprior, die Welschen und die Einheimischen. Das Sujet wird gut vorbereitet und dann durch den Stil hervorgehoben.
Nicht der gesamte Roman ist so gründlich stilisiert wie der Eröffnungsabsatz, doch jenes zweiaktige Pulsieren bleibt der vorherrschende Rhythmus seines Stils." (Joseph Mileck: Hermann Hesse. Dichter, Sucher, Bekenner. Biographie. München: C. Bertelsmann Verlag 1978, S. 209—210.)

2. Mittelalter, Gegenwart oder Geist?

„Der ‚Goldmund' entzückt die Leute . . ., beim Goldmund kann der gute deutsche Leser Pfeife rauchen und ans Mittelalter denken, und das Leben so schön und so wehmütig finden, und braucht nicht an sich und sein Leben, seine Geschäfte, seine Kriege, seine ‚Kultur' und dergleichen zu denken." (Aus einem Brief Hesses an Erwin Ackerknecht vom November 1930. In: Materialien zu Hermann Hesses „Der Steppenwolf". Hrsg. von Volker Michels. Frankfurt a.M.: Suhrkamp 1972, S. 142—143.)

„In ‚Narziß und Goldmund' . . . erfüllt sich dieses Verhältnis zur Romantik wie sonst kaum in einem anderen Werk des Dichters. Das romantische Kolorit einer zeitlosen Mittelalterlichkeit, die Wahl der Schauplätze: Kloster, Schloß und patrizische Stadt; Vagantentum, klösterlicher und städtischer Kunstbetrieb; Zigeunermädchen, das höchste Symbol aller romantischen Vagantenpoesie, das Doppelgängermotiv (freilich in der bei Hesse üblichen sehr freien Variation) — alle diese Elemente deutsch-romantischer Erzählkunst vereinen sich in diesem Buch in seltener Vollständigkeit. Dennoch ist es alles andere als ein Werk epigonalen Geistes. . . Der zeitlose Rahmen erweist sich bei näherem Hinsehen nicht als Flucht aus der Gegenwartsproblematik, sondern als Möglichkeit, eben diese Problematik, zu der die eigene gehört, *exemplarisch* darzustellen." (Rudolf Schneider: Hermann Hesse zum achtzigsten Geburtstag. In: Über Hermann Hesse. Erster Band. Frankfurt a. M.: Suhrkamp 1976, S. 341—350; hier S. 344—345.)
„Die Wahl des Mittelalters als Sujet bestätigt die in Hesses Werk erkennbare Affinität zur deutschen Romantik. Es ist jedoch unverkennbar, daß das Mittelalter für die Romantiker eine wesentlich höhere Verbindlichkeit besaß als für den Schriftsteller des 20. Jahrhunderts. Für Novalis war es Leitbild einer wiederherzustellenden, auf christlichem Geist basierenden kulturellen und gesellschaftlichen Harmonie; für Görres ‚die Periode . . . wo hauptsächlich die Stiftung gegründet wurde, von der die gegenwärtige Generation noch die Zinsen zieht'; und Achim von Arnim bezeichnete es als die Periode, in der sich ‚der spätere und jetzige Zustand geistiger Bildung in Deutschland entwickelte'. Diese Orientierung auf das Feudalzeitalter diente — ob bewußt oder unbewußt — einer konservativen Politik in Deutschland. Geschichtsessayistik und Romanliteratur mit geschichtlichem Stoff versuchten, eine Tradition herzustellen, die geeignet sein konnte, geistige und politische Entscheidungen der Jetztzeit zu beglaubigen. Arnims Gegenwartsroman von 1810, die ‚lehrreiche Geschichte' von ‚Armut, Reichtum, Schuld und Buße der Gräfin Dolores', plauderte nur aus der Schule, als er die ständische Ordnung, deren Hoch-Zeit das Mittelalter gewesen war, als einzig zuträglich für das Sozialwesen empfahl und den Adel als unablöslichen Bestandteil des nationalen Lebens rechtfertigte.
Hesse steht dem Mittelalter interesselos gegenüber. Er wird nur durch ‚raisons poétiques' (Chateaubriand) in die Vergangenheit zurückgetrieben. Dort findet er anstelle der zeitgenössischen bürgerlichen Uniformität reiches, vielgestaltiges Leben; dort findet er Farbe und Form, während sich in seiner Gegenwart graue Prosa spreizt. . .
Der Verlust an Verbindlichkeit, den das geschichtliche Mittelalter bei Hesse erlitt, ist nicht geeignet, seine Erzählung gegenüber den romantischen Schöpfungen aufzuwerten. Denn wie arg auch immer die Romantiker das Eigenle-

ben des Mittelalters verstümmelten, wie verzerrt ihre Optik dessen Eigengesetzlichkeit reflektierte — sie betrachteten die Geschichte doch als Vorgeschichte der Gegenwart. Daß sich Hesse aus ihr nur Requisiten und Dekorationen borgte, macht seine Erzählung so überaus problematisch. . . Der Mönch Narziß und der entlaufende Klosterschüler Goldmund leben nicht aus ihrer Zeit, sondern aus der Zeit des Dichters. Der Dialog zwischen Weltflucht und Welthaftigkeit, den sie austragen, ist der auf zwei Sprecher verteilte innere Monolog eines Schriftstellers der spätbürgerlichen Gesellschaft." (Gerhard Schneider: Bemerkungen zu Hesses Spätwerk. In: Neue Deutsche Literatur. Berlin. 10, 1962, 7, S. 5—24; hier S. 5—6.)

„Während die progressive deutsche Literatur konsequent die entlarvende Kritik der imperialistischen Gesellschaft fortsetzte und neue Wege zur Annäherung von Kunst und Leben suchte, zog sich Hesse in die Vergangenheit zurück, in das beim deutschen Bürgertum altbeliebte Mittelalter. Diese Wendung geschah bei ihm allerdings nicht zur Verherrlichung einer ständischen Gesellschaftsordnung, wie sie der Klerikalfaschismus damals propagierte.
An der Vergangenheit selbst lag Hesse wenig. Von Geschichte hatte er nie viel gehalten. Darum war er auch gar nicht bestrebt, sie in ihrer streng historischen Wirklichkeit wiederzugeben. Für seine Zwecke und Neigungen schuf er eine Mischwelt aus real-historischen Requisiten und fiktiv-schemenhaften Elementen eines spekulativ-legendenhaften Seinsgrundrisses. Die weltanschauliche Thematik blieb dabei durchaus gegenwartsbezogen. Die Problematik des neuen Werkes ‚Narziß und Goldmund' bestand darin, daß nicht echt historisch erzählt wurde, der Leser aber auch nicht hinreichend darüber Aufklärung erhielt, daß ihm eine reine Symbolwelt fern jedes Historismus geboten wurde." (Fritz Böttger: Hermann Hesse. Leben, Werk, Zeit. Berlin. Verlag der Nation 1974, S. 362.)

„‚Narziß und Goldmund', ein hartes und im Grunde schwermütiges Werk, ist . . . die blankste, rundeste Erzählung im Sinn der klassischen Tradition. Zum Unterschied von den früheren Büchern . . . wird hier dem rebellischen Geist, der sich in der Hauptperson verkörpert, ein ebenbürtiger Widerpart gestellt, und zwischen den beiden, zwischen den immer neu im Aufbruch begriffenen, schweifenden, an sich reißenden und das Ergriffene zu Bild gestaltenden Geist und dem asketischen, dem Gedanken hingegebenen, dem Leben mit der Idee antwortenden, waltet ein großgefaßtes dialogisches Verhältnis. Beiden wohnt die Autentizität des Geistes inne, beide sind Geist, beide zusammen sind der Geist. Hier erst hat Hesse den Widerstreit des Geistes leiblich geformt, in der Zwiefalt dieser zwei Menschen, die nicht gegeneinander kämpfen, sondern einander gegenüber und ebenso miteinander da sind. Zu Unrecht also sagt der Denker Narziß zu seinem Antagonisten und Freund, dem Bildner Goldmund, von seiner eigenen Art redend, in der Natur könne

der Gesit nicht leben, nur gegen sie, als ihr Gegenspiel. Beide zusammen erst, der sich von der Natur hinnehmen läßt und der ihr die Stirn bietet, beide zusammen sind der Geist. Der Widerstreit des Geistes, der sich in der Geschichte immer wieder, mit geschichtlichen Faktoren eigentümlich zusammenwirkend, in Krisen entlädt, ist hier im Bilde eines Gegeneinander und Miteinander zweier Menschen begriffen und berichtet.
Wirklich erzählt wird freilich nur das Leben des einen, des Künstlers. Der Mönch Narziß spricht zu uns, aber er bleibt dabei wie unbeweglich; was ihm geschieht, erfahren wir kaum. Hesse hat hernach tief erkannt, was er damit dem denkerischen Geist schuldig geblieben war, und hat im letzten Werk ..., im ‚Glasperlenspiel', eine große Komposition geschaffen." (Martin Buber: Hermann Hesses Dienst am Geist. In: Über Hermann Hesse. Erster Band. Frankfurt a. M.: Suhrkamp 1976, S. 309—316; hier S. 312—313.)

THEMENVORSCHLÄGE

1. Der unbürgerliche Mensch in Hesses Erzählung „Narziß und Goldmund“
2. Die Technik der Menschendarstellung Hesses in seiner Erzählung „Narziß und Goldmund“
3. Das Bildnis der Muttergottes — das Bild der Urmutter Eva. Ein Vergleich
4. In welchem Verhältnis stehen die Naturbilder, die Hesse in seiner Erzählung „Narziß und Goldmund” gibt, zu den Personen?
5. „Unser Ziel ist nicht, ineinander überzugehen, sondern einander zu erkennen und einer im andern das sehen und ehren zu lernen, was er ist: des andern Gegenstück und Ergänzung.“ — Gilt dieses Wort nur für Narziß und Goldmund?
6. Wie kann der Mensch sich selbst verwirklichen? (Begründung am Beispiel von Goldmunds Leben, gegebenenfalls Vergleich mit dem Bemühen Emil Sinclairs in der Erzählung „Demian“.)
7. Meister Niklaus — der Bürgerlich-Seßhafte. Charakteristik und Darstellung der Problematik dieses Menschentyps
8. Narziß‘ und Goldmunds innere Haltung zu den Judenverfolgungen. Eine Gegenüberstellung

LITERATURHINWEISE

Werkausgaben

Die Erzählung ,,Narziß und Goldmund" erscheint seit 1930 im S. Fischer Verlag und seit 1947 im Suhrkamp Verlag innerhalb der ,,Gesammelten Werke in Einzelausgaben" und als Suhrkamp-Hausbuch (1953). 1948 erschien dieses Werk in S. Fischers Bibliothek. Seit 1971 wird es in der ,,Bibliothek Suhrkamp" (Band 65) und seit 1975 auch als ,,suhrkamp taschenbuch" (Band 274) aufgelegt.

Daneben gibt es eine große Anzahl von Lizenzausgaben:

Zürich: Büchergilde Gutenberg 1944
Zürich: Manesse-Verlag 1945; ^{2}1946
Tenafly, N.J.: H.F. Kraus 1946
Wien: Bermann-Fischer 1948
Zürich: Fretz & Wasmuth 1949; ^{2}1956
Frankfurt a.M.: Büchergilde Gutenberg 1955
Berlin: Aufbau-Verlag 1957; ^{2}1972
Wien: Buchgemeinschaft Donauland 1960
Zürich: Schweizer Druck- und Verlagshaus 1960
Hamburg, Berlin: Deutsche Hausbücherei 1960
Düsseldorf: Deutscher Bücherbund 1960
Stuttgart: Stuttgarter Hausbücherei 1960
Frankfurt a.M., Hamburg: Fischer Bücherei 1962
Gütersloh: Bertelsmann Lesering 1965
Berlin, Darmstadt, Wien: Deutsche Buchgemeinschaft 1975
Stuttgart: Europäische Bildungsgemeinschaft 1976
Frankfurt a.M., Wien, Zürich: Büchergilde Gutenberg 1977

In folgenden Gesamtausgaben ist ,,Narziß und Goldmund" enthalten:

Hermann **Hesse**, Gesammelte Dichtungen, Band 1-6. 1.-5. Tsd. Berlin, Frankfurt a.M.: Suhrkamp Verlag (Zürich: Fretz & Wasmuth Verlag) 1952.
Band 5: Narziß und Goldmund (S. 7-322) — Stunden im Garten — Der lahme Knabe — Die Gedichte. 825 S.

Hermann **Hesse**, Gesammelte Schriften. Band 1-7. — Band 1-6: Gesammelte Dichtungen. 6.-10. Tsd.; Band 7: Betrachtungen und Briefe. 1.-5. Tsd.

Berlin, Frankfurt a.M.: Suhrkamp Verlag (Zürich: Fretz & Wasmuth Verlag) 1957.
Band 5: Narziß und Goldmund (S. 7-322) — Stunden im Garten — Der lahme Knabe — Die Gedichte. 833 S.

Hermann **Hesse**, Gesammelte Werke (in zwölf Bänden). Frankfurt a.M.: Suhrkamp Verlag (1970).
Band 8: Narziß und Goldmund (S. 5-320) — Die Morgenlandfahrt — Späte Prosa. 567 S.

Hermann **Hesse**, Die Romane und die großen Erzählungen. Frankfurt a.M.: Suhrkamp Verlag (1977). 8 Bände.
Band 6: Narziß und Goldmund. 316 S.

Bibliographien

Waibler, Helmut: Hermann Hesse. Eine Bibliographie der Werke über Hermann Hesse. Bern, München: Francke 1962. 350 S.

Bareiss, Otto: Hermann Hesse. Teil I (Werke über Hermann Hesse). Basel: Karl Maier-Bader & Co. 1962. 116 S. (Neudruck 1964); Teil II (Zeitschriften- und Zeitungsaufsätze über Hermann Hesse). Basel: Karl Maier-Bader & Co.) 1964. IL, 227 S.

Pfeifer, Martin: Hermann-Hesse-Bibliographie. Primär- und Sekundärschrifttum in Auswahl. Berlin: Erich Schmidt (1973). 104 S.

Mileck, Joseph: Hermann Hesse. Biography and bibliography. Berkeley, Los Angeles, London: University of California Press (1977). 2 Bände. Zusammen XXIV, VIII, 1402 S.

Zum Gesamtwerk

Ball, Hugo: Hermann Hesse. Sein Leben und sein Werk. [1927.] Veränderte und erweiterte Ausgabe. (Fortgesetzt bis auf die Gegenwart von Anni Rebenwurzel.) Berlin: S. Fischer Verlag 1933. 263 S.; dasselbe: Mit einem Anhang von Anni Carlsson [geb. Rebenwurzel]. Berlin: Suhrkamp Verlag 1947. 306 S.

Baumer, Franz: Hermann Hesse. Berlin: Colloquium-Verlag (1959). 95 S. (Köpfe des XX. Jahrhunderts, 10.)

Böttger, Fritz: Hermann Hesse. Leben, Werk, Zeit. (Mit einem Essay von Hans-Joachim Bernhard.) Berlin: Verlag der Nation (1974). 551 S.; [4]1980.

Field, G(eorge) W(allis): Hermann Hesse. Kommentar zu sämtlichen Werken. Stuttgart: Hans-Dieter Heinz 1977. 245 S. (Stuttgarter Arbeiten zur Germanistik, 24.); [2]1979, 256 S.

Middell, Eike: Hermann Hesse. Die Bilderwelt seines Lebens. Leipzig: Philipp Reclam jun. 1972. 376 S. (Biografien und Dokumente, 169.); Frankfurt a.M.: Röderberg-Verlag 1975. 376 S. (Röderberg-Taschenbuch, 37.)

Mileck, Joseph: Hermann Hesse. Dichter, Sucher, Bekenner. Biographie. (Aus dem Amerikanischen von Jutta und Theodor A. Knust.) München: C. Bertelsmann (1979). 397 S.

Pfeifer, Martin: Hesse-Kommentar zu sämtlichen Werken. München: Winkler Verlag (1980). 420 S.

Stolte, Heinz: Hermann Hesse. Weltscheu und Lebensliebe. Hamburg: Hansa-Verlag (1971). 287 S.

Zeller, Bernhard: Hermann Hesse in Selbstzeugnissen und Bilddokumenten. Reinbek bei Hamburg: Rowohlt (1936). 179 S. (Rowohlts Monographien, 85.) [Zahlreiche Neuauflagen.]

Hermann Hesse im Spiegel der zeitgenössischen Kritik. Herausgegeben von Adrian Hsia. Bern, München: Francke (1975). 561 S.

Hermann Hesses weltweite Wirkung. Internationale Rezeptionsgeschichte. Herausgegeben von Martin Pfeifer. Frankfurt a.M.: Suhrkamp.
1: 1977. — 364 S. (suhrkamp taschenbuch, 386.)
2: 1979. — 285 S. (suhrkamp taschenbuch, 506.)

Über Hermann Hesse. Herausgegeben von Volker Michels. Frankfurt a.M.: Suhrkamp.
1: 1904-1962. (1976.) — 482 S. (suhrkamp taschenbuch, 331.)
2: 1963-1977. (1977.) — 524 S. (suhrkamp taschenbuch, 332.)

Zu „Narziß und Goldmund“

Deschner, Karlheinz: Kitsch, Konvention und Kunst. Eine literarische Streitschrift. München: Paul List Verlag (1957). 177 S. (List-Bücher, 93.), S. 114-127; ergänzte und überarbeitete Neuausgabe. Frankfurt a.M.,

Berlin, Wien: Ullstein (1980). 176 S. (ein Ullstein Buch, 20082.), S. 119-130.

Herrmann-Neiße, Max: Hermann Hesse: Narziß und Goldmund. In: Hermann Hesse, Narziß und Goldmund. Frankfurt a.M., Wien, Zürich: Büchergilde Gutenberg 1977, S. 343-348; auch in: Hermann Hesse im Spiegel der zeitgenössischen Kritik. Hrsg. von Adrian Hsia. Bern, München: Francke (1975), S. 335-337; Über Hermann Hesse. Hrsg. von Volker Michels. Band 1. Frankfurt a.M.: Suhrkamp (1976), S. 87-89.

Hesse, Hermann: Eine Arbeitsnacht (2.12.1928). In: Hermann Hesse, Gesammelte Schriften. Band 7, S. 302-307; Hermann Hesse, Gesammelte Werke. Band 11, S. 80-85; Hermann Hesse, Die Welt der Bücher. Frankfurt a.M.: Suhrkamp 1977, S. 247-251.

Hesse, Hermann: Engadiner Erlebnisse (1953). In: Hermann Hesse, Gesammelte Schriften. Band 7, S. 846-869; Hermann Hesse, Briefe an Freunde. Frankfurt a.M.: Suhrkamp 1977, S. 134-153.

Hesse, Hermann: Spaziergang in Würzburg (1928). In: Hermann Hesse, Die Kunst des Müßiggangs. Frankfurt a.M.: Suhrkamp 1973, S. 277-281 u.d.T.: Einst in Würzburg.

Lüthi, Hans Jürg: Hermann Hesse. Natur und Geist. Stuttgart, Berlin, Köln, Mainz: W. Kohlhammer (1970). 158 S. (Sprache und Literatur, 61.)

Neuswanger, Russell: Names as glassbeads in Hesse's „Narziss und Goldmund." In: Monatshefte. Madison, Wisc. 67, 1975, 1, S. 48-58.

Schneider, Gerhard: Bemerkungen zu Hesses Spätwerk. In: Neue Deutsche Literatur. Berlin. 10, 1962, 7, S. 5-24.

Schweckendiek, Adolf: Goldmund in Hermann Hesses „Narziß und Goldmund." In: A. Schweckendiek, Könnt ich Magie von meinem Pfad ent fernen. Neurosenkundliche Studien an Gestalten der Dichtung. Berlin: Hans Lungwitz-Stiftung; Leimen: Marx in Komm. 1970. 307 S., S. 93-104.

Ulshöfer, Robert: Der Wandel des Menschenbildes in der Dichtung des 19. Jahrhunderts. Stilbetrachtungen auf der Oberstufe an Hand der dichterischen Menschenzeichnung. In: Der Deutschunterricht. Stuttgart. 3, 1951, 6, S. 4-43 (S. 39-42: Der unbürgerliche Mensch in Hesses „Narziß und Goldmund").

Chemie

Th. Bokorny

Chemie-Gerüst

Wegweiser und Ratgeber für Schüler und Abiturienten.
13. neubearbeitete Auflage
128 Seiten

Bestell-Nr. 0674-2

Dieses kurze, in Tabellenform abgefaßte, Vademecum der Chemie soll kein Lehrbuch oder Lexikon sein, sondern die großen Linien und wissenswerten Teile der modernen Chemie übersichtlich klar und einprägsam veranschaulichen und in Erinnerung bringen.

Thomas Neubert

Chemische Formelsammlung 9.-10. Klasse

36 Seiten

Bestell.-Nr. 0685-8

Hier wurden die wesentlichen Formeln mit Ihren Anwendungsmöglichkeiten aufgezeichnet. Für den Schulunterricht und für häusliches Arbeiten ein wichtiges Hilfsmittel – echte Lernhilfe!

Deutsch

Bernd Matzkowski

Basisinterpretationen für den Literatur- und Deutschunterricht III

Untersuchungen und didaktische Hinweise zum Volksbuch Till Eulenspiegel.

Hinweise auf den Schelmenroman.

80 Seiten

Bestell-Nr. 0598-3

Sachanalyse - Ausgewählte Historien - Motivquerverbindungen zu Schelmenromanen des 16. und 17. Jahrhunderts - Vorschläge für die Behandlung im Unterricht u.a.

Bernd Matzkowski/Ernst Scott

Basisinterpretationen für den Literatur- und Deutschunterricht IV

36 moderne deutsche Kurzgeschichten mit Arbeitsfragen.

112 Seiten

Bestell-Nr. 0599-1

Interpretation der Kurzgeschichten **mit Arbeitsfragen** zu
ARBEITSTEXTE FÜR DEN UNTERRICHT (Reclam)
Deutsche Kurzgeschichten 11.-13. Schuljahr und Pratz/Tiel:
NEUE DEUTSCHE KURZGESCHICHTEN
(Deisterweg)

Karin Cohrs/Martin H. Ludwig

Basisinterpretationen für den Literatur- und Deutschunterricht V

Romane und Novellen des 19. Jahrh.

120 Seiten

Bestell-Nr. 0631-9

Aus dem Inhalt:
Einleitung, Politik und Kultur des 19. Jahrhunderts - Interpretationen ausgewählter Romane und Novellen.

Kurzbiographie des Dichters - Entstehung des Werkes - Inhalt - Charaktere - Situationen - Erschließung des Textes (stilistische Besonderheiten, literaturhistorischer Rahmen, gesellschaftliche und politische Bezüge usw.). Arbeitsfragen.
Hoffmann, Das Fräulein von Scuderi - Kleist, Das Erdbeben in Chili - Mörike, Maler Nolten - Gotthelf, Wie Uli der Knecht glücklich wird - Storm, Immensee - Droste-Hülshoff, Die Judenbuche - Raabe, Die Akten des Vogelgesangs - Fontane, Der Stechlin - Eichendorff, Aus dem Leben eines Taugenichts - Keller, Die drei gerechten Kammacher - Storm, Hans und Heinz Kirch - Raabe, Die schwarze Galeere - Fontane, Schach von Wuthenow - Hauptmann, Bahnwärter Thiel

Rüdiger Giese/Christian Floto

Basisinterpretationen für den Literatur- und Deutschunterricht VI

Romane und Novellen aus dem 20.Jahrhundert

112 Seiten

Bestell-Nr. 0473-1

Schnitzler, Leutnant Gustl - Mann, Tod in Venedig - Kafka, Die Verwandlung - Hesse, Der Steppenwolf - Kästner, Fabian - Mann, Mephisto - Zweig, Schachnovelle - Böll, Haus ohne Hüter - Wolf, Der geteilte Himmel - Kempowski, Tadellöser und Wolff

Bausteine - Deutsch

stellt detaillierte Unterrichtsstunden zur Behandlung unterschiedlichster Texte für die Sekundarstufen I und II vor.

Anordnung der Stunden als Sequenzen - Texte und Textanalysen - Didaktisch-methodische Arbeitshinweise - praktisch zu handhaben.

Angesprochen sind Lehrer und Lehramtsanwärter aller Schulformen.

Autoren sind: Praktiker - Ausbilder - Fachwissenschaftler aus allen Schulformen.

Bausteine Lyrik I

Spiel mit Sprache/Lyrischer Humor/Konkrete Poesie

Bestell-Nr. 0650-5

Bausteine Lyrik II

Balladen/Modernes Erzählgedicht/Chanson/Politische Lyrik/Thema- und Motivverwandtschaft.
Bestell-Nr. 0651-3

Gerhart Hauptmann: Die Weber
Bestell-Nr. 0652-1

Max Frisch: Homo Faber
Bestell-Nr. 0653-X

Theodor Storm: Pole Poppenspäler
Bestell-Nr. 0654-8

Albert Camus: Die Pest
Bestell-Nr. 0655-6

George Orwell: 1984/Animal Farm
Bestell-Nr. 0656-4

Thomas Mann: Tonio Kröger
Bestell-Nr. 0657-2

Goethe-Plenzdorf: Werther
Bestell-Nr. 0658-0

Theodor Storm: Schimmelreiter
Bestell-Nr. 0659-9

Gotth. E. Lessing: Nathan der Weise
Bestell-Nr. 0660-2

Fr. Dürrenmatt:
Der Richter und sein Henker
Bestell-Nr. 0661-0

Joh. W. von Goethe: Faust I/II
Bestell-Nr. 0662-9

Jos. v. Eichendorff: Taugenichts
Bestell-Nr. 0663-7

Hermann Hesse: Der Steppenwolf
Bestell-Nr. 0664-5

Franz Kafka: Kurze Prosaformen
Bestell-Nr. 0665-3

Joh. Wolfg. von Goethe:
Iphigenie auf Tauris
Bestell-Nr. 0666-1

Bert Brecht: Leben des Galilei
Bestell-Nr. 0667-X

Annette von Droste-Hülshoff:
Die Judenbuche
Bestell.-Nr. 0668-8

Dichtung in Theorie und Praxis

Texte für den Unterricht

Mit dieser Serie von Einzelheften legt der BANGE-VERLAG Längs- und Querschnitte durch Dichtungs-(Literatur) Gattungen für die Sekundarstufen vor.
Jeder Band ist - wie der Reihentitel bereits aussagt - in die Teile Theorie und Praxis gegliedert; darüber hinaus werden jeweils zahlreiche Texte geboten, die den Gliederungsstellen zugeordnet sind. Ein Teil Arbeitsanweisungen schließt sich an, der entweder Leitfragen für die einzelnen Abschnitte oder übergeordnete oder beides bringt.
Wir hoffen bei der Auswahl der Texte eine „ausgewogene Linie" eingehalten und die Bände für die Benutzer wirklich brauchbar gestaltet zu haben.

Bestell-Nr.

450 Die Lyrik
451 Die Ballade
452 Das Drama
453 Kriminalliteratur
454 Die Novelle
455 Der Roman
456 Kurzprosa
(Kurzgeschichte, Kalendergeschichte/ Skizze/Anekdote)
457 Die Fabel
458 Der Gebrauchstext
459 Das Hörspiel
460 Trivialliteratur
461 Die Parabel
462 Die politische Rede
463 Deutsche Lustspiele und Komödien

Weitere Bände in Vorbereitung

Egon Ecker

Wie interpretiere ich Novellen und Romane?

Methoden und Beispiele

180 Seiten - 3. veränderte Auflage

Bestell-Nr. 0686-6

Notizen zur Betrachtung eines dichterischen Textes - zur Technik der Interpretation.

Beispiele:
Keller, Drei gerechte Kammacher

Novellen:
Büchner, Lenz - Storm, Schimmelreiter - Andres, Die Vermummten

Romane:
Mann, Königl. Hoheit - Frisch, Homo Faber - Andres, Knabe im Brunnen - Andersch, Sansibar.
Zur Theorie der Novelle - Zur Theorie des Romans - Gliederungsvorschläge - Themenvorschläge - Literaturverzeichnis

Epochen deutscher Literatur

Kurzgefaßte Abhandlung für den Deutschunterricht an weiterführenden Schulen.

Bestell.-Nr. 0480
Die deutsche Romantik I
Frühromantik

Bestell.-Nr. 0481
Realismus des 19. u. 20. Jahrhunderts

Bestell.-Nr. 0482
Impressionismus und Expressionismus

Bestell.-Nr. 0483
Sturm und Drang

Bestell.-Nr. 0484
Die deutsche Romantik II
Spätromantik

Bestell.-Nr. 0485
Die Deutsche Klassik

Bestell.-Nr. 0486
Von der Aufklärung zum Sturm und Drang
Literaturgeschichtliche Querschnitte

Bestell.-Nr. 0487
Deutsche Dichtung des Barock

Textanalyse 1 Umgang mit fiktionalen (literarischen) Texten

152 Seiten

Bestell-Nr. 0641-6

Aus dem Inhalt:
I. Der Begriff des fiktionalen Textes: Das "Ästhetische" der Literatur - Betrachtungsweisen von Literatur - Literarische Wertung.

II. Probleme der Interpretation: Der Prozeß des "Verstehens" - Methoden der Literaturinterpretation - Arbeitstechniken (Textwiedergabe / Texterarbeitung / Texterörterung).

III. Beispiele für Interpretationen: Epische Texte - Dramatische Texte - Gedichte.
IV. Massenliteratur.

Textanalyse 2
Umgang mit nichtfiktionalen (Gebrauchs-)Texten

144 Seiten

Bestell-Nr. 0642-4

Aus dem Inhalt:
I. Der Textbegriff.
II. Eine Typologie von Gebrauchstexten.
III. Bedingungen der Textanalyse.
IV. Methoden der Textanalyse: Textwiedergabe - Textbeschreibung - Texterörterung.
V. Beispiele für Textanalysen: Darstellende Texte (Sachtexte/Wissenschaftliche Texte) - Werbende Texte (Werbetexte/Politische Reden) - Gesetzestexte.

Robert Hippe
Umgang mit Literatur

2. Auflage, 116 Seiten

Bestell-Nr. 0564-9

Definition von Literatur - Grundformen von Literatur - Merkmale der Lyrik - Merkmale der Epik - Merkmale der Dramatik - Formprobleme der Literatur - Aufbauprobleme in der Literatur - Arten der Interpretation - Was ist Interpretation - Literatur und Wirklichkeit u.v.a.

Robert Hippe
Sprach- und Textbetrachtung

132 Seiten

Bestell-Nr. 0569-X

Sprachbetrachtung

Historisch - Theorien über die Entstehung der Sprache(n) - Die indogermanische (idg.) Sprachfamilie - Die geschichtliche Entwicklung des Hochdeutschen - Lehn- und Fremdwörter - Sprachrätsel und Sprachspiele - Auswahl-Bibliographie.
Systematisch - Grammatik - die traditionelle Grammatik - Die generative Transformationsgrammatik - Die strukturelle Grammatik.

Textbetrachtung

Allgemeines - Definition von Text - Textsorten - Beispiele - Übungen - Auflösung der Rätsel.

Robert Hippe
Kurzgefaßte deutsche Grammatik und Zeichensetzung

9. Auflage, 72 Seiten

Bestell-Nr. 0515-0

Ein Abriß der deutschen Grammatik systematisch und fundamental dargeboten; beginnend mit den Wortarten, Betrachtung der Satzteile und Nebensätze bis zu den Satzzeichen, Beispiele durchsetzen das Ganze und Lösungen sollen Fehler auffinden helfen. Ein nützliches, in Tausenden von Exemplaren bewährtes, Übungs- und Nachhilfebuch.

Robert Hippe
Interpretationen zu 62 ausgewählten motivgleichen Gedichten

mit vollständigen Gedichtstexten
7. Auflage, 120 Seiten

Bestell-Nr. 0587-7

Der Verfasser hat die wiedergegebenen Interpretationen und Auslegungen in langen Gesprächen und Diskussionen mit Oberprimanern erarbeitet. Die hier angebotenen Deutungsversuche erheben keinen Anspruch auf die einzig möglichen oder richtigen, sondern sollen Ausgangspunkte für Weiterentwicklungen und Erarbeitungen sein.
Aus dem Inhalt: Themen wie Frühling - Herbst - Abend und Nacht - Brunnen - Liebe - Tod - Dichtung u.v.a.

Robert Hippe
Interpretationen zu 50 modernen Gedichten

mit vollständigen Gedichtstexten
5. Auflage, 136 Seiten

Bestell-Nr. 0597-5

Der vorliegende Band verspricht Interpretationshilfe und Deutungsversuche - in unterschiedlicher Dichte und Ausführlichkeit - für 50 moderne Gedichte. Materialien und Auswahlbibliographie geben den Interessenten Hilfen für den Deutsch- und Literaturunterricht. Für den Lehrer eine echte Bereicherung zur Vorbereitung des Unterrichts.

Aus dem Inhalt: Lasker-Schüler - Hesse - Carossa - Benn - Britting - Brecht - Eich - Kaschnitz - Huchel - Kästner - Bachmann - Piontek - Celan - Härtling - Reinig - Grass - Enzensberger u.v.a.

Robert Hippe
Kurzgefaßte deutsche Rechtschreiblehre

64 Seiten

Bestell-Nr. 0545-2

Im ersten Teil dieses Buches findet man die wichtigsten Regeln der deutschen Rechtschreibung.

Der zweite Teil besteht aus 36 Übungstexten zu diesen Regeln zum Erlernen, Einprägen und Wiederholen. Die Lösungen am Schluß des Bandes dienen zur Kontrolle.

Interpretationen motivgleicher Gedichte in Themengruppen

mit vollständigen Gedichtstexten

Band 1:
Edgar Neis
Der Mond in der deutschen Lyrik

2. Auflage, 80 Seiten

Bestell-Nr. 0620-3

Arp - Bischoff - Borchert - Boretto - Britting - Brokkes - Bürger - Claudius - Däubler - Droste-Hülshoff - Geibel - Gleim - Goethe - Härtling - Heine - Holz - Klopstock - Krähenbühl - Krolow - Lange - Lehmann - Leonhard - Lichtenstein - zur Linde - Maurer - Morgenstern - Rasche - Rühmkorf - v. Stollberg - Trakl - v.d. Vring - Werfel - Wiens.

Band 2:
Edgar Neis
Politisch-soziale Zeitgedichte
3. Auflage, 112 Seiten
Bestell-Nr. 0621-1
Bachmann - Biermann - Brecht - Bürger - Celan - Dehmel - Domin - Enzensberger - Le Fort - Freiligrath - Gryphius - Hädecke - Hagelstange - Heine - Herwegh - Keller - Kerr - Logau - Marti - Platen - Sabias - Salis - Schenkendorf - Schiller - Schreiber - Schubart - Tucholsky - W.v.d. Vogelweide - Weitbrecht - Wildenbruch.

Band 3:
Edgar Neis
Der Krieg im deutschen Gedicht
3. Auflage, 112 Seiten
Bestell-Nr. 0622-X
Bender - Benn - Biermann - Binding - Brambach - Brecht - Claudius - Dehmel - Eich - Flex - Le Fort - Fried - Gleim - Goethe - Hakel - Heise - Heym - Hölderlin - Höllerer - Huchel - Jahn - Jean Paul - Kaschnitz - Kästner - Körner - Leib - Lersch - Leonhard - Liliencron - Logau - Menzel - Mosen- Mühsam - Münchhausen - Neumann - Nick - W. Paul - Sachs - Schiller - Schnurre - Schuhmann - Stramm - Toller - Toussel - Trakl - Tumler - Vogel - Wiechert.

Band 5:
Robert Hippe
Der Tod im deutschen Gedicht
2. Auflage, 80 Seiten
Bestell-Nr. 0624-6
Bächler - Benn - Brecht - Celan - Claudius - Droste-Hülshoff - Eich - Goethe - Gryphius - Hesse - Heym - Hofmannsthal - Hofmannswaldau - Höllerer - Kaltneker - Keller - Klopstock - C.F. Meyer - Mörike - Nick - Nietzsche - Novalis - Rilke - Schiller - Storm - Stramm - Trakl - Uhland.

Band 6:
Robert Hippe
Die Jahreszeiten im deutschen Gedicht
2. Auflage, 80 Seiten
Bestell-Nr. 0625-4
Benn - Britting - Claudius - George - Gerhardt - Goes - Goethe - Hagedorn - Heine - Hebbel - Hesse - Hofmannsthal - Hölderlin - Hölty - Huchel - Lenau - Logau - C.F. Meyer - Mörike - Rilke - Stadler - Storm - Trakl - Uhland - W.v.d. Vogelweide.

Band 7:
Robert Hippe
Deutsche politische Gedichte
2. Auflage 68 Seiten
Bestell-Nr. 0626-2
Baumann - Biermann - Becher - Below - Brecht - Delius - Enzensberger - Fried - Fürnberg - Gomringer - Grass - Heine - Hoffmann v. Fallersleben - Holzapfel - Karsunke - Kunert - Luckhardt - Morawietz - Pottier - Radin - v. Saar - Scherchen - Schneckenburger - U. Schmidt - Schuhmann- Vesper - Walraff - Weinheber - Wessel - Zimmerling.

Band 8:
Edgar Neis
Die Welt der Arbeit im deutschen Gedicht
100 Seiten
Bestell-Nr. 0627-0
Barthel - Bartock - Billinger - Brambach - Bröger - Chamisso - Dehmel - Dortu - Engelke - Freiligrath - Grisar - Heine - Herwegh - Jünger - Krille - Lersch - Lessen - Naumann - Petzold - Pfau - Piontek - Rilke - Schreiber - Seidel - Weerth - Weinheber - Wieprecht - Winckler - Zech.

Band 9:
Edgar Neis
Deutsche Tiergedichte
136 Seiten
Bestell-Nr. 0628-9
Barth - Bergengruen - Billinger - Boretto - Brecht - Britting - Busch - Claes - Dauthendey - Dehmel - Domin - Droste-Hülshoff - Eggebrecht - Eich - Freiligrath - Gellert - Gleim - Goethe - Grillparzer - Groth - Härtling - Hagedorn - Haushofer - Hausmann - Hebbel - Heine - Hesse - Huchel - F.G. Jünger - W. Lehmann - Liliencron - A.G. Kästner - Keller - Kolmar - Krolow - C.F. Meyer - Morgenstern - Pfeffel - Piontek - Rilke - Ringelnatz - Eugen Roth - N. Sachs - Schaefer - Trakl - Vring - Weinheber - Wiedner - Zachariae - Zuckmayer.

Interpretationen zeitgenössischer deutscher Kurzgeschichten

Karl Brinkmann
4. Auflage, 80 Seiten
Bestell-Nr. 0602-5
Band 3: Aichinger, Plakat - Alverdes, Die dritte Kerze - Böll, Damals in Odessa / Mann mit den Messern / Lohengrins Tod / Wanderer kommst du nach Spa ... - Borchert, Die lange, lange Straße lang / Generation ohne Abschied / Lesebuchgeschichten - Eisenreich, Ein Augenblick der Liebe - Gaiser, Brand im Weinberg / Du sollst nicht stehlen - Langgässer, Die zweite Dido / Glück haben - Lenz, Jäger des Spottes - Schnurre, Die Tat - Spang, Seine große Chance - Spervogel, Hechtkönig - Wiechert, Hauptmann v. Kapernaum / Hirtenknabe.

Martin Pfeifer
4. Auflage, 84 Seiten
Bestell-Nr. 0603-3
Band 4: Aichinger, Hauslehrer / Nichts und das Boot - Bender, Die Wölfe kommen zurück - Böll, Über die Brücke / Es wird etwas geschehen - Brecht, Mantel des Ketzers - Britting, Brudermord im Altwasser - Eich, Züge im Nebel - Ernst, Das zweite Gesicht - Fallada, Lieber Hoppepoppel - Franck, Taliter - Hesse, Beichtvater / Bettler - Johnson, Jonas zum Beispiel - Kusenberg, Eine ernste Geschichte - Langgässer, Saisonbeginn - Le Fort, Frau des Pilatus - Meckauer, Bergschmiede - Pohl, Yannis letzter Schwur - Rinser, David - Schäfer, Hirtenknabe - Schallück, Der Tod hat Verspätung - v. Scholz, Das Inwendige - Walser, Ein schöner Sieg - Weisenborn, Aussage.

Edgar Neis

3. Auflage, 56 Seiten

Bestell-Nr. 0604-1

Band 5: Borges, Das geheime Wunder - Calderón, Invasion - Callaghan, ein sauberes Hemd - Campos, Solidarität - Carson, Ein Mädchen aus Barcelona - Hemingway, Die Killer - Huxley, Schminke - Joyce, Eveline - Katajew, Die Messer - Mansfield, Für sechs Pence Erziehung - Manzoni, Die Repräsentiertasse - Olescha, Aldebaran - Saroyan, Vom Onkel des Barbiers, dem von einem Zirkustiger der Kopf abgebissen wurde - Sartre, Die Mauer - Timmermans, Die Maske.

Rudolf Kanzler

64 Seiten

Bestell-Nr. 0606-8

Band 7: Aichinger, Die Silbermünze - Altendorf, Der Knecht Persenning - Andersch, Ein Auftrag für Lord Glouster - Bauer, Hole deinen Bruder an den Tisch - Britting, Der Gang durchs Gewitter - Dörfler, Der Kriegsblinde - Hesse, Das Nachtpfauenauge - Hildesheimer, Der Urlaub - Kaschnitz, Gespenster - Lenz, Die Nacht im Hotel - Th. Mann, Das Eisenbahnunglück - Noack, Die Wand - Ohrtmann, Der Sched ist wieder da - Rinser, Der fremde Knabe - Schallück, Unser Eduard - Wiechert, Mein erster Adler.

Wolfgang Kopplin

Kontrapunkte

160 Seiten

Bestell-Nr. 0547-9

Kontroversinterpretationen zur modernen deutschsprachigen Kurzprosa.
Prosatexte, zwischen 1963 und 1975 entstanden, dienen dem Autor dazu, die dialektische Methode des Pro und Kontra als Interpretationsansatz anzuwenden. Dem Primärtext schließen sich jeweils die Kontroversinterpretationen an. Ein Buch, welches Anregungen zum Verstehen und zur Entschlüsselung von Texten gibt.
Inhalt: Texte von Artmann - Bichsel - Dellin - Gerz - Gregor - Kunert - Reinig - Schnurre u.a. werden in einer Pro- und Kontra-Interpretation vorgestellt.

Albert Lehmann

Erörterungen

Gliederungen und Materialien
Methoden und Beispiele

5. verb. Auflage, 184 Seiten

Bestell-Nr. 0692-0

Die vorliegende Sammlung von 58 Gliederungen, die durch Erläuterungen - vornehmlich Beispiele - zu den einzelnen Gliederungspunkten erweitert sind, sollen die Wiederholung des Jahresstoffes erleichtern.
Stoffkreisthemen: Natur - Tourismus - Technik - Freizeit - Arbeit/Beruf - Konflikte zwischen den Generationen - Drogen - Kinder und Familie - Die Stellung der Frau in der Gesellschaft - Sport - Massenmedien und viele Einzelthemen.

Für Lehrer ein unentbehrliches Nachschlage- und Vorbereitungsbuch.

Birgit Lermen /
Matthias Loewen

Trickfilm als didaktische Aufgabe

Band 1: Sekundarstufe I
232 Seiten - Fotos
Bestell-Nr. 0618-1

Band 2: Sekundarstufe II
Bestell-Nr. 0619-X
216 Seiten - Fotos

Die Untersuchung über den Trickfilm als didaktische Aufgabe trägt der unterschiedlichen Ausgangslage in den beiden Stufen des Sekundarunterrichts Rechnung durch die Aufteilung in zwei Bände.

Band 1 stellt sich gezielt auf die Bedürfnisse und Erwartungen der Sekundarstufe I ein. Aus der Eigenart des Mediums Trickfilm wird ein Analyse-Instrumentarium entwickelt, dessen Brauchbarkeit an 13 Filmen unterschiedlicher Herkunft erprobt wird. Auf der damit geschaffenen Grundlage wird ein didaktisch-methodisches Konzept erstellt.

Band 2 orientiert sich an den Bedürfnissen der Sekundarstufe II. Eine semiotische Einführung erweitert und vertieft die in Band I erstellte Grundlage. Im Mittelpunkt stehen wieder die Einzelanalysen, deren Zahl des größeren Umfangs wegen auf zwölf reduziert ist.
Wie in Band I soll beides - Analysen und Einführung - als Basis dienen für didaktische Fragestellungen und Entscheidungen.
Die Auswahl der Filme wurde in beiden Bänden bestimmt durch :

a) das Ausleihangebot der Stadt- und Kreisbildstellen in der Bundesrepublik,
b) die ästhetische Qualität,
c) die thematische Relevanz,
d) die didaktische Potenz.

Martin H. Ludwig

Das Referat

Kurze Anleitung zu einer Erarbeitung und Abfassung für Schüler und Studenten.

3. Auflage

Bestell-Nr. 0646-7

Planen und Sammeln - Bibliographieren - Schreiben und Zitieren - Lesen und Notieren - Auswerten und Gliedern - Der Text - Der Vortrag.

Martin H. Ludwig

Praktische Rhetorik

Reden - Argumentieren - Erfolgreich verhandeln

3. Auflage

Grafiken - 136 Seiten

Bestell.-Nr. 0688-2

Praktische Rhetorik ist ein Übungsfeld für jedermann! Ob bei der Sammlung von Gedanken, bei der Konzentration der Argumente, bei der Gestaltung einer Rede, in der Rücksichtnahme auf den Verhandlungspartner, bei der Vorsicht vor „gefährlichen" Redewendungen.

Aus dem Inhalt: Formale Rhetorik - Dekorative Rhetorik - Verwendung von Argumenten in der Verhandlung - Psychologie in der Verhandlung - Einzelne Techniken zur Durchsetzung von Anliegen - Positive Verhandlungstechniken - Wie wehre ich mich gegen ...? - Typische Verhandlungssituation - Wann sind welche Techniken angebracht?

Martin H. Ludwig/
Eckhard Ostertag

Lernen - Qual oder Zufall?

Vademecum der Lernarbeit
160 Seiten

Bestell-Nr. 063-4

Dieses Buch ist für solche Menschen geschrieben, die aus eigenem Antrieb lernen möchten, die eine Hilfe und Anleitung für ein leichteres und effektiveres Lernen gebrauchen können.

Aus dem Inhalt: – Warum Lernen lernen? – Wer lernt was warum? – Unter welchen Voraussetzungen lernen wir? – Wie lernen? – Wie lange lernen? – Wieviel lernen? – Wann lernen? – Wie oft lernen? – Womit lernen? – Wo lernen? – Lernen - ein Abenteuer mit sich und mit anderen – Wie das Gelernte festigen? Das eigene Mehrkanalprogramm – Lernen macht Spaß! – Checklisten und Übersichten

Methoden und Beispiele der Kurzgeschichten-Interpretation

4. Auflage, 114 Seiten

Bestell-Nr. 0691-2

Herausgegeben und erstellt von einem Arbeitskreis der Pädagog. Akademie Zams.

Methoden: Werkimmanente, existenzialistische, grammatische, stilistische, strukturelle, kommunikative, soziologische, geistesgeschichtliche, historisch/biographisch/symbolistische Methode.

Beispiele: Eisenreich - Cortázar - Dürrenmatt - Brecht - Horvath - Bichsel - Kaschnitz - Lenz - Weißenborn - Rinser - Borchert - Nöstlinger - Wölfel - Langgässer.

An Beispielen ausgewählter Kurzgeschichten werden die einzelnen Methoden der Interpretation demonstriert und erläutert. Information und Nachschlagewerk für den Unterricht in den Sekundarstufen.

Edgar Neis

Das neue große Aufsatzbuch

-Methoden und Beispiele des Aufsatzunterrichts für die Sekundarstufen I und II -

212 Seiten - 5. erweiterte Auflage

Bestell-Nr. 0636-X

Inhalt:
Zur Technik des Aufsatzschreibens - Stoffsammlung und Disposition - Wie schreibe ich eine Charakteristik? - Wie schreibe ich eine Erörterung? - Der dialektische Besinnungsaufsatz - Themen und Aufsätze zu Problemen unserer Zeit - Aufsätze zur Literatur - Wege der Texterschließung - Interpretationshinweise - Fachbegriffe der Aufsatzlehre (Lexikon der Terminologien) - Vorschläge für Aufsatzthemen - Themenkatalog für das Ende des 20. Jahrhunderts - Literaturnachweis.
Dieses Buch richtet sich an Lehrer und Schüler von Haupt-, Real- und Oberschulen (Gymnasien).
Breit einsetzbar in Grund- und Leistungskursen.

Edgar Neis

Deutsche Diktatstoffe -Unterstufe-

3. bis 7. Jahrgangsstufe
6. verbesserte Auflage, 64 Seiten

Bestell-Nr. 0524-X

Edgar Neis

Moderne deutsche Diktatstoffe

-Sekundarstufe I-

5.-10. Jahrgangstufe

3. Auflage, 118 Seiten

Bestell-Nr. 0693-9

Beide Bände sollen der Einübung und Wiederholung der Rechtschreibung und Zeichensetzung dienen. Jeder Band gliedert sich in zwei Teile, einen systematischen Teil, der zielbewußter Einübung von Wörtern, deren Schreibung Schwierigkeiten bereitet, dient und einen allgemeinen Teil. Dieser bringt zusammenhängende Diktatstoffe aus dem deutschen Schrifttum. Die Namen der Verfasser bürgen für die Stilhöhe der einzelnen Texte.

Edgar Neis

Interpretationen von 66 Balladen, Erzählgedichten und Moritaten

Analysen und Kommentare
6. Auflage, 176 Seiten

Bestell-Nr. 0590-8

Balladen des 18., 19. und 20. Jahrhunderts werden in diesem für Lehrer, Studenten und Schüler bestimmten Band ausführlich interpretiert und durch Erklärungen Verständnis für diese Art Dichtung geweckt. Eine unentbehrliche Hilfe für den Deutsch- und Literaturunterricht.

Aus dem Inhalt: Bürger - Herder - Goethe - Schiller - Uhland - Eichendorff - Heine - Droste-Hülshoff- Miegel - Brecht - Huchel - Celan - Chr. Reinig - Kunert u.v.a.

Edgar Neis

Interpretationen motivgleicher Werke der Weltliteratur

2. Auflage, je 144 Seiten

Dramatische, epische und lyrische Gestaltung der bekanntesten Stoffe der Weltliteratur werden mit knappen Inhaltsangaben vorgestellt und miteinander vergleichend interpretiert.

Band 1:
Mythische Gestalten **Bestell-Nr. 0548-7**

Alkestis - Antigone - Die Atriden (Elektra / Orest) - Iphigenie - Medea - Phädra

Band 2:
Historische Gestalten **Bestell-Nr. 0549-5**

Julius Caesar - Coriolan - Der arme Heinrich - Die Nibelungen - Romeo und Julia - Jeanne d'Arc / Die Jungfrau v. Orleans - Johann Joachim Winckelmann

Edgar Neis

Verbessere Deinen Stil

3. Auflage, 120 Seiten

Bestell-Nr. 0539-8

Der Autor versucht im vorliegenden Band vom grundlegenden Schema über Wortwahl und Satzgestaltung den Interessierten zu einer guten Ausdrucksform zu führen. Stil ist erlernbar, deshalb wurden im 2. Teil viele künstlerisch gestaltete, stilvolle Beispiele wiedergegeben.

Edgar Neis

Wie interpretiere ich ein Drama?

Methoden und Beispiele
3. Auflage - 224 Seiten

Bestell-Nr. 0633-8

Erstbegegnungen mit dramatischen Formen - Methode des Interpretierens - Wege zur Erschließung und Analyse eines Dramas.

Arbeit im Detail: Titel, Personen, Handlung, Aufbau, Sprache, Realisation, Bühnengestaltung, Regieanweisungen, sozio-kulturelle und historische Einordnung usw.

Modellinterpretationen - Zur Theorie des Dramas - Literaturverzeichnis.

Interessenten: Lehrer und Schüler aller Schulgattungen.

Edgar Neis

Wie interpretiere ich Gedichte und Kurzgeschichten?

15. Auflage, 208 Seiten

Bestell-Nr. 0584-3

Ein "Grundkurs", die Kunst der Interpretation zu erlernen und zu verstehen. Die tabellarischen Leitlinien führen den Benutzer des Buches zum Verständnis für diese Gattung der Poesie. Anhand von zahlreichen durchgeführten Interpretationen ist dieses Buch ein unentbehrliches Hilfsmittel für Schüler und Lehrer.

Eckhard Ostertag

Berufswahl - leichtgemacht

Der Fahrplan für eine systematische Berufsentscheidung
Grafiken – 112 Seiten

Bestell-Nr. 054-5

Was soll ich werden? – Welcher Beruf hat Zukunft? – Was kommt nach der Schule? – Wer hilft mir bei der Berufswahl? – Was kann ich tun, um nicht arbeitslos zu werden? – Wie bewerbe ich mich richtig? – Wie erhalte ich eine Lehrstelle? – Wie komme ich an einen Studienplatz?

Viele Fragen, Fragen, die heute oft nicht leicht zu beantworten sind. Existenzielle Fragen aber für alle jungen Menschen, die in einer Zeit des wirtschaftlichen und technologischen Umbruchs sich für einen Beruf entscheiden müssen.

Das vorliegende Buch will für alle Berufssuchende und deren Berater eine praktische Lebenshilfe geben. Es wird ein Fahrplan vorgelegt, der die vielfältigen Stationen des Berufswahlverlaufs übersichtlich und systematisch aufzeigt.

Reiner Poppe

Aufsätze im Deutschunterricht

für das 5.–10. Schuljahr

Themen - Techniken - Beispiele

120 Seiten

Bestell-Nr. 0464-2

Das Aufsatzbuch ist für Schüler und Schülerinnen der Sekundarstufe I verfaßt. Es setzt Materialien und Techniken, Beispiele und vermittelnde Information ein, um den Schüler zum Verfassen eigener Texte **methodisch** anzuleiten. Die im Kapitel 4 vorgetragenen Beispiele erfassen in **kommunikativen Anwendungssituationen** die wichtigsten Textsorten:
Erzählbericht - Bericht - Beschreibung - Erörterung - (dialektischer) Besinnungsaufsatz - Interpretation. Der Schwerpunkt liegt dabei auf **alltagsrelevanten, pragmatischen Varianten** dieser Grundformen (Brief, Klappentext, Bedienungsanleitung, Sachtext, Inhaltsskizze, Leserbrief etc.)

Gliederung: Aufsatzformen nach Jahrgangsstufen geordnet/'richtlinienkonform' - Themen zum Üben - Techniken-Hilfsmittel, Beispiele (exemplarisch) - Glossar - Literaturhinweise.

Klaus Sczyrba

50 Kurzdiktate

für das 4. - 7. Schuljahr
mit 250 Übungsmöglichkeiten

2. Auflage, 116 Seiten + Lösungsheft

Bestell.-Nr. 0477-4

Der bekannte Autor Klaus Sczyrba bringt wieder eigene Diktate für rechtschreibschwache Schüler und Schülerinnen zum häuslichen Arbeiten.

Für die Hand des Lehrers als Kurztest-Übungen im Unterricht bestens geeignet. Der Autor hat selbst im Unterricht erfolgreich damit gearbeitet.

Klaus Sczyrba

Komm, wir schreiben!

Rechtschreibübungsheft für das 2. und 3. Schuljahr

Format: DIN A4 - 40 farbige Illustrationen
3. Auflage - 36 Seiten

Bestell-Nr. 0614-9

Freude ist der Motor zum Erfolg. Nach diesem Grundsatz will der Autor den Kindern durch die lustbetonte, sehr abwechslungsreiche Art dieses Heftes den Weg zu Rechtschreibsicherung leicht machen. In frohem Tun werden fast unauffällig fundamentale Kenntnisse der Rechtschreibung angeeignet, ohne daß die Kinder dabei den Eindruck des Übens haben.

Klaus Sczyrba

Komm, wir schreiben!

Rechtschreibübungsheft für das 3. und 4. Schuljahr

Format: DIN A4 - 60 farbige Illustrationen
2. Auflage – 60 Seiten

Bestell-Nr. 0616-5

Alle Übungen für die Kinder des 3. und 4. Schuljahres sind so angelegt, daß sie mit Freude durchgeführt werden. Sie enthalten kurzweilige Aufgaben, Reime und Rätsel. Die Richtigkeit der Lösungen kann leicht selbst überprüft werden.
Üben ist für Kinder oft freudlos und langweilig. Bei diesem Heft spüren sie aber nicht, daß "nur geübt" wird. In froher, zielstrebiger Arbeit wird fast unbewußt die Rechtschreibfertigkeit gesteigert.

Klaus Sczyrba

Komm, wir schreiben!

Rechtschreibübungsheft für das 4. und 5. Schuljahr

60 Seiten – Illustrationen

Bestell-Nr. 0479-0

Nachdem die beiden vorangegangenen Übungshefte 'Komm, wir schreiben!', einen so guten Anklang gefunden haben, folgt nun eins für die 4. und 5. Klasse. Es überbrückt den oft schwierigen Übergang von der Grundschule zu den weiterführenden Schulen im Bereich des Schreibens. Abwechslungsreiche, kurzweilige Übungen, die der Altersstufe angepaßt sind, lassen die Rechtschreibklippen überwinden und führen zur Schreibsicherheit.
Lösungen zur Selbstkontrolle sind angefügt.
Breit einsetzbar im Unterricht.

Klaus Sczyrba

Lebensnahe Diktate

für die Grundschule mit angeliederten Übungsmöglichkeiten für das **2. bis 4 Schuljahr**
4. Auflage - 152 Seiten + Lösungsheft

Bestell-Nr. 0610-6

Dieses Übungsbuch ist aus der Erfahrung langjähriger Schularbeit entstanden und soll den Kindern vom 2. bis 4. Schuljahr helfen, ihre Rechtschreibleistungen zu verbessern.
Dazu werden 150 Diktate geboten, die in Ausmaß und Schwierigkeitsgrad dem Alter der Kinder entsprechen.
Zur vertiefenden Behandlung aller Rechtschreibbereiche sind jedem Diktat eine Reihe Übungsmöglichkeiten beigefügt.

Klaus Sczyrba

Wege zum guten Aufsatz für das 5.-10. Schuljahr

176 Seiten

Bestell-Nr. 0472-3

Dieses ganz auf die Schulpraxis bezogene Büchlein bietet Hilfen und Anregungen für das Schreiben von Nacherzählungen, Erlebnisaufsätzen, Phantasiegeschichten, Beschreibungen, Schilderungen und Berichten. Außerdem enthält es Übungen zur Grammatik, zur Rechtschreibung und Ausdrucksverbesserung.

Ein weiteres Buch von unserem Erfolgsautor Klaus Sczyrba.

Klaus Sczyrba

Wege zum guten Aufsatz für das 3. und 4. Schuljahr

ca. 144 Seiten – Illustrationen – Format DIN A 5

Bestell-Nr. 0690-4

Da bereits in der Grundschule die Fundamente für die Aufsatzerziehung gelegt werden, kommt diesem Buch eine besondere Bedeutung zu. Es will helfen, die bei vielen Kindern bestehende Abneigung gegen das Schreiben von Aufsätzen zu überwinden und zu einem guten schriftlichen Ausdruck hinzuführen.

Klaus Sczyrba

Neue lebensnahe Diktate

mit zahlreichen Übungsmöglichkeiten für das **2. bis 10. Schuljahr**

2. Auflage - 312 Seiten

Bestell-Nr. 0611-4

Wie in den früheren Ausgaben diese Buches werden hier wieder über 200 Diktate geboten, die in Ausmaß und Schwierigkeitsgrad dem Alter des Kindes entsprechen.

Klaus Sczyrba

Lebensnahe Dikate

mit zahlreichen Übungsmöglicheiten für das **5. bis 7. Schuljahr** + Lösungsheft

4. Auflage - 240 Seiten

Bestell-Nr. 0613-0

In diesem Übungsbuch werden 150 Diktate geboten, die Kindern des 5. bis 7. Schuljahres helfen sollen, ihre Rechtschreibkenntnisse zu verbessern.
Zur vertiefenden Behandlung aller Rechtschreibbereiche ist jedem Diktat eine Reihe Übungsmöglichkeiten beigefügt.

Klaus Sczyrba

Lebensnahe Diktate

100 Diktattexte mit 600 Lösungsmöglichkeiten für das **8. bis 10. Schuljahr**

3. Auflage
210 Seiten + Lösungsheft

Bestell-Nr. 0471-5

Das Buch will mit seinen Diktaten und Übungen zum richtigen Gebrauch unserer Sprache beitragen. Die Diktate sind nicht nur nach Rechtschreibschwierigkeiten oder zur Anwendung einer Regel konstruiert, sondern sind auf die Bedürfnisse von Zeit und Umwelt abgestimmt.
Übungsmöglichkeiten mit Lösungen machen dieses Buch für häusliches Arbeiten und für den Unterrichtsgebrauch gleichermaßen unentbehrlich.

Klaus Sczyrba

Lebensnahe Diktate

mit zahlreichen Übungsmöglichkeiten für das **5. bis 10. Schuljahr**

3. Auflage - 432 Seiten + Lösungsheft

Bestell-Nr. 0612-2

Auch dieses Übungsbuch soll den Kindern vom 5. bis 10. Schuljahr helfen, ihre Rechtschreibleistungen zu verbessern.
Die hier angebotenen 250 Diktate sind in Ausmaß und Schwierigkeitsgrad dem Alter entsprechend ausgewählt worden. Jedem Diktat ist eine Reihe Übungsmöglichkeiten beigefügt, ebenso wurde der entsprechende Wortschatz eingebracht.
Tabellen der Rechtschreibschwierigkeiten in den einzelnen Schuljahren runden dieses Übungsbuch ab.

Klaus Sczyrba
Lebensnahe Grammatik für die Grundschule
für das 2. bis 4. Schuljahr

2. Auflage, 140 Seiten

Bestell-Nr. 0673-4

Die alltäglichen Begebenheiten zweier Kinder sind lebendige Einstiege in alle Bereiche der Grundschulgrammatik. In übersichtlicher Weise werden alle notwendigen Kenntnisse zur Beherrschung unserer Sprache kindgemäß vermittelt, die in den angegliederten Übungen angewandt werden können. So ist dieses Büchlein sehr hilfreich für den Unterricht in der Schule und die häusliche Einzelarbeit.

Klaus Sczyrba
Lebensnahe Sprachlehre in der Grundschule
50 Unterrichtsentwürfe für die Einführung aller wesentlichen Gebiete.

112 Seiten, Illustrationen

Bestell-Nr. 0615-7

Neubearbeitete 4. Auflage

Diese Unterrichtsentwürfe haben sich als eine vielbegehrte Hilfe erwiesen und ermöglichen, daß der sonst so trockene Stoff der Sprachlehre lebensnah, auf lustbetonte Weise eingeführt wird.
Jeder Entwurf ist eine Unterrichtseinheit, die sich über einen längeren Zeitraum erstreckt.

Klaus Sczyrba
Lebensnahe Grammatik für die Sekundarstufe I
5.-10 Klasse
Mit 100 Übungen + Lösungsheft

2. Auflage – 128 Seiten

Bestell-Nr. 0474-X

Wesentliche Ursache für die Fehlerhäufigkeit in der Rechtschreibung ist in der mangelnden grammatischen Erkenntnis zu suchen.
Das Buch will hier Abhilfe schaffen. In übersichtlicher Anordnung bietet es in den für das Leben wichtigen Bereichen der Grammatik viele Beispiele und Übungsmöglichkeiten.

Klaus Sczyrba
Rechtschreib-Olympiade
Übungen mit Lösungen für die 5.-7. Klasse

136 Seiten + Lösungsheft

Bestell-Nr. 0475-8

Unser Erfolgsautor Klaus Sczyrba bringt mit diesem Band ein lebensnahes Rechtschreibbuch auf den Markt, welches durch seinen Wettbewerbcharakter sicher viele Übende ansprechen wird.
Kurze Übungstexte zu den Schwierigkeiten der deutschen Sprache werden allen Benutzern Hilfe geben und einprägsam zukünftige Fehler vermeiden helfen.

Englisch

Peter Luther/Jürgen Meyer
Englische Diktatstoffe
Unter- und Mittelstufe Sekundarstufe I

64 Seiten

Bestell.-Nr. 0647-5

Beginnend mit einfachsten Texten und Erklärungen wird hier der Benutzer der Bücher mit der englischen Grammatik, Wortlehre und Rechtschreibung vertraut gemacht. Die Texte geben Hinweise auf die Vorbereitung zur Nacherzählung und sind gestaffelt nach Schwierigkeiten und Themengruppen. Worterklärungen und Übungen zur Selbstkontrolle runden den Band ab.

Jürgen Meyer/Gisela Schulz
Englische Synonyme als Fehlerquellen
Übungssätze mit Lösungen

116 Seiten

Bestell.-Nr. 0596-7

Dieses Übungsbuch will helfen, die im Bereich der Synonyme immer wieder auftretenden Fehler zu vermeiden.
Die Aufstellung ruht auf Beobachtungen, die die Verfasser im Unterricht gemacht haben und erhebt keinen Anspruch auf Vollständigkeit. Die Übungssätze wurden so formuliert, daß die wichtigen Bedeutungsnuancen so klar wie möglich hervortreten. Die zur Kontrolle beigefügten Lösungen geben an, ob und wo Fehler gemacht worden sind.

Jürgen Meyer
Deutsch-englische/ englisch-deutsche Übersetzungsübungen
9.–13. Klasse

3. Auflage - 104 Seiten

Bestell.-Nr. 0594-0

Texte für Fortgeschrittene, die ihre Kenntnisse in Wortanwendung und Grammatik erweitern und überprüfen wollen.
Zu den zeitgemäßen deutschen Texten wurden die Vokabeln und deren Anwendungsmöglichkeiten gegeben und erklärt.
Am Schluß des Bandes die englischen Texte zur Kontrolle.
Breit einsetzbar in den Sekundarstufen, Grund- und Leistungskursen.

Jürgen Meyer/Ulrich Stau

Englisch 5./6. Klasse

Übungen mit Lösungen

96 Seiten - Viele Zeichnungen

Bestell.-Nr. 0687-4

Der gesammte Stoff Englisch der 5. und 6. Klasse wird in diesem Nachhilfebuch wiederholt. Die Benutzer können anhand von Übungen ihr Wissen testen und im Lösungsteil nachschlagen.

Der Stoff wurde den einschlägigen Lehrwerken an den Schulen der verschiedenen Bundesländer angeglichen um eine Benutzung nicht von den verschiedenen Kriterien der Bundesländer abhängig zu machen.

Den Schülerinnen und Schülern wird hier echte 'Lernhilfe' geboten!

Jürgen Meyer

Übungstexte zur englischen Grammatik

9. – 13. Klasse

4. Auflage - 96 Seiten

Bestell.-Nr. 0567-3

Der Band enthält Übungsmaterial zu aktuellen Fragen, u.a. Sachtexte zu Personen, wissenschaftlichen Entdeckungen und zeitgeschichtlichen Ereignissen, die über das heutige Großbritannien und die USA informieren. Die Texte sind mit ausführlichen Hinweisen zu den Vokabeln sowie Übungen zur Syntax und zum Wortschatz versehen. Diskussionsvorschläge und ein sorgfältig aufbereiteter Schlüssel bieten zusätzliche Unterrichtshilfen. Das Buch ist sowohl für Gruppenarbeit als auch für das Selbststudium geeignet.

Edgar Neis

Wie schreibe ich gute englische Nacherzählungen?

8. Auflage - 84 Seiten

Bestell-Nr. 0526-6

Langjährige, im gymnasialen Englischunterricht auf der Mittel- und Oberstufe, sowie bei zahlreichen Abiturprüfungen gewonnene Erfahrungen haben zur Herausgabe dieses Buches geführt. Texterfassung und -darstellung, Wortschatzerweiterung, Regeln der Stillehre, Erzählstil, idiomatische Redewendungen, Homophone, unregelmäßige Verben, Comment u.v.a.
Musterbeispiele als Vorlagen für Lernende.

John A. S. Phillips

Englisch für Frustrierte

Ratgeber für Muß-Studenten und Schüler der englischen Sprache

2. Auflage – 116 Seiten – Illustriert

Bestell-Nr. 0478-2

Dieses Buch ist für Leute geschrieben, denen vielleicht doch noch zu helfen ist, ihre verlorengegangene Freude an der englischen Sprache zurückzugewinnen. John A. S. Phillips, Lektor für Englisch an der Universität Bayreuth, Verfasser mehrerer humorvoller und skurriler Bücher, hat kein Lehrbuch im üblichen Sinne geschrieben. Es ist aber auch kein Amüsierbuch allein; dazu ist es dem Verfasser mit den Menschen, die seine Sprache lernen wollen, viel zu ernst.
Der Leser lernt viel, ohne belehrt zu werden. Was er bietet, will und kann kein systematisches Lehrbuch ersetzen, wohl aber „background" schaffen, bei Kennern der Sprache manches Tüpfelchen auf das „i" setzen und, wie erwähnt (– so auch der Titel –), Frustrierte wieder mobilisieren.
Enjoy it ...

Französisch

Klaus Bahners

Französischunterricht in der Sekundarstufe II

(Kollegstufe)

Texte - Analysen - Methoden

104 Seiten

Bestell-Nr. 0565-7

Dieses Buch wendet sich an alle, die jetzt oder künftig auf der neugestalteten Oberstufe (Sekundarstufe II) Französischunterricht erteilen; vor allem an jüngere Kollegen und Referendare, aber auch an Studenten, die sich auf den Übergang vom wissenschaftlichen Studium zur pädagogischen Umsetzung vorbereiten wollen.

Paul Kämpchen

Französische Texte zur Vorbereitung auf die Reifeprüfung

80 Seiten

Bestell-Nr. 0522-3

Übungen für Grammatik, des Stils und eine der Prüfungsarten - die Nacherzählung - sollen hier dem Anwärter zur Prüfung nahegebracht werden. Kurze und lange Nacherzählungstexte mit Worterklärungen stehen hier als Übungstexte zur Verfügung.
Der Schüler oder Student kann anhand dieser Kurzgeschichten seine sprachliche Beweglichkeit unter Beweis stellen. Kleine und leichte Stücke, die sich nur für Anfänger und wenig Fortgeschrittene eignen, wurden weggelassen.

Alfred Möslein/
Monique Sickermann-Bernard

Textes d'étude

64 Seiten

Bestell-Nr. 0523-1

25 erzählende Texte aus der neueren französischen Literatur als Vorlagen für Nacherzählungen und Textaufgaben.
Durch unterschiedliche Längen und Schwierigkeitsgrade, sowie durch breitgefächerte Thematik eignen sich diese Texte als Lektüre und Ausgangspunkt für Diskussionen im Unterricht. In den "Suggestions" findet man einige Anregungen für Übungen, die sich an die reine Textbehandlung anschließen können. Die Worterklärungen sollen das Verständnis der Texte erleichtern.

Werner Reinhard

Französische Diktatstoffe Unter- und Mittelstufe

1./2. Unterrichtsjahr, sowie 3./4. Unterrichtsjahr

4. Auflage - 96 Seiten

Bestell-Nr. 0532-0

Die nach dem Schwierigkeitsgrad geordneten Texte sind überwiegend Erzählungen und Berichte von Begebenheiten des täglichen Lebens, wobei unbekannte Vokabeln beigegeben sind. Mit den Texten lernt der Schüler die gehobene Umgangssprache, d.h. Vokabular und Wendungen, die er später für eigene Textproduktionen verwenden kann. Den Texten vorangestellt sind Bemerkungen zur Rechtschreibung, die nützliche Rechtschreibregeln enthalten.

Werner Reinhard

Übungstexte zur französischen Grammatik

9. - 13. Klasse

2. Auflage - 128 Seiten

Bestell-Nr. 0543-6

"Übungstexte zur französischen Grammatik" wendet sich an Lernende, die bereits einige grammatische Kenntnisse haben, sie jedoch festigen und vertiefen wollen. Es eignet sich aufgrund umfangreicher Vokabelangaben, sowie des ausführlichen Lösungsteils, zum Selbststudium und vermag bei Schülern ab Klasse 9 Nachhilfeunterricht zu ersetzen.
Die textbezogenen Aufgaben berücksichtigen insgesamt die wichtigsten grammatischen Gebiete, ein Register ermöglicht auch systematisches Vorgehen.

Christine und Gert Sautermeister

Der sichere Weg zur guten französischen Nacherzählung

-Zur Methodik des Hörens und Schreibens im Französischunterricht-

118 Seiten

Bestell-Nr. 0534-7

Der erste Teil des Buches will auf die Bedingungen richtigen Hörens aufmerksam machen und Wege zum besseren Hören skizzieren. Der zweite Teil gibt Anregungen, die Grundrisse des Textes, der Gelenkstellen, Höhepunkte, Pointen nochmals zu vergegenwärtigen.
Spezifische Formulierungsprobleme der Nacherzählung entfaltet der dritte Teil.

Werner Reinhard

Kurze moderne Übungstexte zur französischen Präposition

120 Seiten

Bestell-Nr. 0568-1

In einem lexikalischen Teil gibt das Übungsbuch zunächst einen Überblick über die Anwendung der wichtigsten Präpositionen. Auch die Präposition als Bindeglied zwischen Verb und Objekt bzw. Infinitiv (vor allem à und de) wird berücksichtigt. Listen erleichtern dabei systematisches Lernen.
Im anschließenden Übungsteil kann der Benutzer seine Kenntnisse überprüfen. Vorherrschende Methode ist die Einsatzübung. Mit dem Lösungsteil eignet sich das Buch gut zum Selbststudium. Einsetzbar für den Unterricht in den Sekundarstufen.

Gemeinschafts-kunde

Peter Beyersdorf

Die Bundesrepublik Deutschland

Arbeitsheft zur Sozial- und Gesellschaftskunde

Band 1:
Strukturen und Institutionen
mit Text des Grundgesetzes
124 Seiten
Bestell-Nr. 0507-X

Band 2:
Parteien und Verbände
84 Seiten
Bestell-Nr. 0508-8

Band 3:
Außenpolitische Entwicklung
72 Seiten
Bestell-Nr. 0509-6

Diese Reihe wurde vor allem für den Bereich der politischen Pädagogik geplant: für Lehrer und Schüler also in erster Linie. Das gilt für Gymnasien und höhere Schulen insgesamt, für Berufsschulen und nicht zuletzt für den großen Bereich der Erwachsenenbildung in den Volkshochschulen.
Jedes Heft enthält neben dem Textteil einen Dokumentenanhang und ein Literaturverzeichnis, darin wird auf spezielle, einzelne Themen vertiefende Bücher hingewiesen.
Mit Hilfe dieser "Arbeitshefte" wird es dem Benutzer möglich, die grundsätzlichen politischen Zusammenhänge unseres Gemeinwesens und die Struktur der internationalen Politik zu erkennen. Dazu werden nicht nur Daten und Fakten geboten, sondern zugleich auch deren Erklärung und Interpretation. Stand 1970!

Geschichte

Peter Beyersdorf
Geschichts-Gerüst
von den Anfängen bis zur Gegenwart

4 Teile in einem Band

228 Seiten

Bestell-Nr. 0551-7

Der Primaner, der das „Skelett" dieses „Gerüstes" beherrscht, sollte allen Prüfungsanforderungen gewachsen sein!

Das vorliegende Werk will kein Ersatz für bereits bewährte Bücher ähnlicher Art sein, sondern einem **Auswahlprinzip** huldigen, das **speziell auf Gymnasien,** kurz **alle weiterführenden Schulen zugeschnitten** ist. Daher erklärt sich die drucktechnische Hervorhebung des besonders Wesentlichen (Fettdruck).
Teil I: Von der Antike bis zum Beginn der Völkerwanderung (ca. 3000 v. Chr. bis 375 n. Chr.)
Teil II: Von der Völkerwanderung bis zum Ende des Mittelalters (375 – 1268)
Teil III: Vom Übergang zur Neuzeit bis zum Ende des 1. Weltkrieges (1268 – 1918)
Teil IV: Vom Beginn der Weimarer Republik bis zur Gegenwart (1918 – 1990)

Latein

Reinhold Anton
Die Stammformen und Bedeutungen der lateinischen unregelmäßigen Verben
Anleitung zur Konjugation von etwa 1600 einfachen und zusammengesetzten unregelmäßigen Verben.

5. verbess. Auflage - 40 Seiten

Bestell-Nr. 0500-2

Oswald Woyte
Latein-Gerüst
Der gesamte Stoff bis zur Sekundarstufe II (Kollegstufe) in übersichtlicher Anordnung und leichtverständlicher Darstellung mit Übungstexten, Übungsaufgaben und Schlüssel.

Teil 1: **Formenlehre**
116 Seiten
Bestell-Nr. 0552-5

Teil 2: **Übungsaufgaben und Schlüssel zur Formenlehre**
144 Seiten
Bestell-Nr. 0553-3

Teil 3: **Satzlehre**
104 Seiten
Bestell-Nr. 0554-1

Teil 4: **Übungsaufgaben und Schlüssel zur Satzlehre**
72 Seiten
Bestell-Nr. 0555-X

jeweils 2. Auflage

Die vier Bände ersparen den Lernenden die Nachhilfestunden und bieten ein unentbehrliches Übungs- und Nachschlagewerk bis zur Reifeprüfung.
Der Autor hat aus seiner Praxis als Oberstudiendirektor die Schwierigkeiten der lateinischen Sprache für den häuslichen Übungsbereich aufbereitet und leicht faßbar erläutert. Lernanweisungen sollen das Einprägen erleichtern.

Friedrich Nikol
Latein 1
Übungen mit Lösungen für das erste Lateinjahr in zwei Bänden.

Band 1/**Erstes Halbjahr**
mit Lösungsteil
Bestell-Nr. 0634-3

Band 2/**Zweites Halbjahr**
mit Lösungsteil
Bestell-Nr. 0635-1

In beiden Teilbänden wird der gesamte Stoff des ersten Lateinjahres behandelt.

Latein 2
(2. Lateinjahr)

Bestell-Nr. 0638-6

Der lateinische Wortschatz ist in den Büchern genau angegeben und den verschiedenen lateinischen Unterrichtswerken angepaßt, die in den einzelnen Bundesländern zugelassen und eingeführt sind.
Bei gründlicher häuslicher Nachhilfe mit den Büchern wird der Übende immer mehr Freude an Latein bekommen und bald wird sich auch der Erfolg bei den Leistungen in der Schule zeigen.

Suchen Sie wortgetreue Übersetzungen und Präparationen zu Ihren Schullektüren römischer und griechischer Klassiker?
Sie finden in der **„Kleinen Übersetzungsbibliothek"** in 500 Bänden im Kleinformat wörtliche deutsche Übersetzungen.
Fordern Sie das ausführliche Verzeichnis an.

Mathematik

Bernd Hofmann
Algebra 1
Mathematikhilfe für die 7./8. Jahrgangsstufe weiterführender Schulen

216 Seiten

Bestell-Nr. 0580-0

Friedrich Nikol
Lothar Deutschmann

Algebra 2

Übungs- und Wiederholungsbuch für die 9. und 10. Jahrgangstufe

168 Seiten - Viele Abbildungen

Bestell-Nr. 0645-9

Lothar Deutschmann

Mathematik

Wegweiser zur Abschlußprüfung
Mathematik I, II und III an Realschulen

Anhang: Reifeprüfungsaufgaben mit Lösungen 1980/1981/1982/1983

168 Seiten + 121 Abb.

Bestell-Nr. 0644-0

Ein erfahrener Pädagoge erteilt Nachhilfeunterricht in Mathematik.

In anschaulicher Weise werden den Benutzern Aufgaben aus der Mathematik an Realschulen vorgeführt, erklärt und mit Lösungsweg und Lösungen beschrieben.

Ruth Kirchmann

Zielscheibe Mathematik

Wenn Schüler vor Mathematik zurückschrecken, liegt es häufig an den Lücken, die irgendwann entstanden sind und das Verständnis des ganzen folgenden Unterrichtsstoffes blockieren.
In diesen Nachhilfebüchern, die auch zum Nachlernen für zu Hause geeignet sind, finden sich Schüler schnell zurecht.

Dezimalzahlen

78 Seiten - viele Abbildungen
+ 8 Seiten Lösungsheft

Bestell-Nr. 0671-8

Johannes Lorenz

Mathematik-Gerüst – Unterbau

6. Auflage - 84 Seiten

Bestell-Nr. 0558-4

Sammlung von Formeln und Sätzen mit zahlreichen Musteraufgaben und vielen Figuren.

Inhalt: Zahlenrechnen - Algebra - Gleichungen - Logarithmen - Geometrie - Stereometrie - Trigonometrie.
Dieser Band richtet sich an den Lernenden, der in kurzer Form seine Kenntnisse wieder auffrischen möchte und anhand von Musteraufgaben Lösungswege rekonstruieren will.

Bis Sekundarstufe I.

Georg Ulrich/Paul Hofmann

Geometrie zum Selbstunterricht

Ein vollständiger Lehrgang der Geometrie zum Selbstunterricht und zur Wiederholung und Nachhilfe. Von der elementaren Geometrie über die Differential- und Integralrechnung bis zur Integralgleichung bieten die Bände den gesamten Stoff der Oberschulen bis zur Sekundarstufe II.
Übungsaufgaben mit Lösungen erleichtern die Verfolgung des Rechenweges und deren Einprägung und Verstehen.

1. Teil:

Planimetrie
172 Seiten
Bestell-Nr. 0576-2

2. Teil:

Trigonometrie
136 Seiten
Bestell-Nr. 0540-1

3. Teil:

Stereometrie
148 Seiten
Bestell-Nr. 0577-0

Philosophie

Robert Hippe

Philosophie-Gerüst

Teil 1 -96 Seiten

Bestell-Nr. 560-6

Der erste Band des Philosophie-Gerüsts will an die Geschichte der abendländischen Philosophie heranführen, dem Leser einen Überblick über die Jahrhunderte philosophischen Denkens geben.
Aus dem Inhalt: Was ist Philosophie? Die griechische Philosophie - Die hellenistisch-römische Philosophie - Die Philosophie des Christentums - Die Philosophie des Mittelalters, im Zeitalter der Renaissance und des Barock - Die Philosophie von der Aufklärung bis zu Hegel - Die Philosophie der Gegenwart.
Anhang - Bibliographie u.a.

Teil 2 - 80 Seiten

Bestell-Nr. 561-4

Im zweiten Band werden die Disziplinen der reinen und angewandten Philosophie behandelt und dem Benutzer ein Überblick über den gewaltigen Umfang des Bereichs der Philosophie gegeben.
Aus dem Inhalt: **Die Disziplinen der reinen Philosophie:** Logik und Dialektik - Psychologie - Erkenntnistheorie - Ontologie und Metaphysik - Ethik - Ästhetik.
Die Disziplinen der angewandten Philosophie: Naturphilosophie und Philosophie der Mathematik - Geschichtsphilosophie - Rechts- und Religionsphilosophie - Philosophische Anthropologie und Existenzphilosophie - Sprachphilosophie.
Philosophie und Weltanschauung
Bibliographischer Anhang u.a.

Physik

Robert Gehr

Einführung in die Atomphysik

Vorbereitungshilfen für das Physik-Abitur an mathematisch-naturwissenschaftlichen Gymnasien.

152 Seiten,

Bestell-Nr. 0511-8

Inhalt: Das Atommodell der kinetischen Gastheorie - Die atomistische Struktur der Elektrizität - Energiequanten und Korpuskeln - Atommodelle - Kernphysik - Nachweismethoden für Strahlungen.
Das Ziel des Buches ist, den Physik-Stoff der Abschlußklassen im Hinblick auf die Reifeprüfung umfassend und gründlich darzustellen, andererseits aber auch - gemäß dem Bildungsauftrag einer höheren Schule - in das (physikalische) Weltbild der Gegenwart einzuführen.

Thomas Neubert

Physikalische Miniformelsammlung

8. - 10 Klasse

32 Seiten

Bestell-Nr. 0683-1

Für den Schulunterricht und für häusliches Arbeiten ein wichtiges Hilfsmittel - echte Lernhilfe!

Johannes Lorenz/Lothar Deutschmann

Physik-Gerüst

-Sekundarstufe 1-

7. überarbeitete Auflage
240 Seiten

Bestell-Nr. 0617-3

Die Grundlagen der Physik in übersichtlicher und leicht faßlicher Darstellung.

Inhalt: Meßkunde - Allgemeine Eigenschaften der Körper - Mechanik fester Körper - Mechanik der Flüssigkeiten - Mechanik der Gase - Lehre vom Schall - Wärmelehre - Magnetismus - Elektrizität - Geometrische Optik - Wellenoptik u.a.

Thomas Neubert

Physik 11. Klasse

Nachhilfebuch mit Lösungen
104 Seiten

Bestell-Nr. 0684-X

Dieses Buch basiert auf den neuesten Lehrplänen **Physik 11. Klasse** der Bundesländer.
Jeder behandelte Abschnitt ist in einen Grundlagenteil und einen Aufgabenteil mit vollständigen Lösungen aufgeteilt.
Dieser Band knüpft lückenlos an dem im **Physik-Gerüst Sekundarstufe I** behandelten Stoff an.

Friedrich Nikol

Physik I

Fragen mit Antworten aus dem Lehrstoff der Sekundarstufe I mit Prüfungsfragen und Lösungen.

100 Seiten

Bestell.-Nr. 0639-4

Dieses Buch soll eine Lücke füllen auf dem Gebiet der Physikvorbereitung. Häufig auftauchende Fragen aus Mechanik, Wärmelehre, Optik, Magnetismus, Elektrizität im Physikunterricht werden leicht verständlich beantwortet.
Ein Band zur Vorbereitung auf Abschlußprüfungen!

Adolf Busch

Glückwunschbuch

15. Auflage
104 Seiten - Illustriert

Bestell-Nr. 0510-X

Glückwunschgedichte für alle Gelegenheiten nebst einem Anhang: Gedenk- und Glückwunschgedichte deutscher Dichter.
Geburtstags-, Namenstagswünsche - Weihnachtswünsche - Neujahrswünsche - Hochzeitswünsche - Gästebuch- und Poesie-Album - Verse - Zum Richtfest - Gedenk- und Glückwunschgedichte deutscher Dichter.

Helmut A. Köhler

Verse und Aphorismen für das Gästebuch

104 Seiten, 12 Illustrationen

Bestell-Nr. 0630-0

Inhalt: Vorwort: Gäste, Bücher, Gästebücher ...
Verse und Aphorismen:
I. Von der Kunst, mit vielen Worten nichts in ein Gästebuch einzutragen.
II. Zum Einzug ins eigene Haus oder in die neue Wohnung.
III. Was man in die Gästebücher von Stammlokalen schreibt.
IV. Aus dem Repertoire eines Partybesuchers.
V. Individuelles für das Gästebuch:
Zu Gast bei ...
VI. Und was man sonst noch in das Gästebuch schreiben kann ...

C. Bange Verlag · D-8607 Hollfeld/Ofr.

☎ 0 92 74 - 3 72 – FAX 0 92 74 - 8 02 30